了不起的中国历史人物

长安／编著
舒春　刘向伟／绘

写给孩子的
少年英才

CHISO
新疆青少年出版社

图书在版编目（CIP）数据

写给孩子的少年英才 / 长安编著；舒春，刘向伟绘. -- 乌鲁木齐：新疆青少年出版社，2023.11
（了不起的中国历史人物）
ISBN 978-7-5590-9960-0

Ⅰ.①写… Ⅱ.①长…②舒…③刘… Ⅲ.①青少年-生平事迹-中国-古代-青少年读物 Ⅳ.① K828.4-49

中国国家版本馆 CIP 数据核字 (2023) 第 202189 号

了不起的中国历史人物
写给孩子的少年英才
Xiegei Haizi De Shaonianyingcai

长安 / 编著　舒春　刘向伟 / 绘

出版人：	徐 江				
策　划：	许国萍　张红宇	责任编辑：	张红宇　尚志慧	助理编辑：	胡伟伟
装帧设计：	舒　春	美术编辑：	邓志平		
法律顾问：	王冠华 18699089007				

出版发行：新疆青少年出版社有限公司
地　　址：乌鲁木齐市北京北路 29 号（邮编：830012）
网　　址：http://www.qingshao.net
经　　销：全国新华书店
印　　制：天津博海升印刷有限公司
开　　本：710mm×1000mm　1/16
印　　张：10
版　　次：2023 年 11 月第 1 版
印　　次：2023 年 11 月第 1 次印刷
印　　数：1-5 000 册
字　　数：84 千字
书　　号：ISBN 978-7-5590-9960-0
定　　价：38.00 元

制售盗版必究　举报查实奖励：0991-6239216　　版权保护办公室举报电话：0991-6239216
服务电话：010-58235012　010-84853493　　　　如有印刷装订质量问题 印刷厂负责调换

目录

序

【春秋】汪踦 002

【战国】甘罗 016

【东汉】孔融 026

【东汉】曹冲 038

【西晋】周处 048

【南朝】吉翂 062

【南朝】沈约 076

【南朝】宗悫 088

【北宋】王寀 100

【南宋】岳云 112

【元朝】王冕 126

【明末清初】夏完淳 138

序

（马勇，中国社会科学院近代史研究所研究员）

早些天，张弘先生发来这套书稿，嘱我为之撰写序言。

这套"了不起的中国历史人物"丛书是新疆青少年出版社承担的"十四五国家重点出版物"出版项目。据出版者介绍，全套书共八册，以故事的方式介绍了在中华民族历史长河中曾作出杰出贡献的几十位历史人物，他们涉及文史哲、政经法，以及科学、艺术等诸多领域，读者对象为广大的少年儿童。翻阅书稿，自己竟然沉浸其中。流畅的文字、严谨的结构、清晰的叙事及可信的史料，构成了这套书的基本面貌和上乘品质，多幅生动的插画进一步提升了阅读感受，相信会受到少儿读者的欢迎。

如何向少年儿童讲述中国历史，一直是摆在历史学家面前的难题。过去几十年，学术界做过不少探索，成绩固然可喜，但其中的不足与教训也值得反思：

一是写作者低估阅读者的知识水平和鉴赏力，具体体现为作品立意与格调不高、文字表述不够严谨、过于口语化和网络语言化、内容缺乏史料支撑且野史当道。这种看似迎合读者的做法，其实是对读者的不尊与伤害。多年来，我不懈地建议那些立志向青少年普及中国历史知识的作者们，一定要用平等的视角尊重对待青少年读者，一定要相信新一代读者的知识储备与阅读能力，一定要在作品上下足功夫，因为我很清楚，少儿知识读物的创作，其难度大于成人读物，优秀的儿童知识读物作家，一定是能够把专业知识吃透，并能够用通俗易懂的方式进行讲解的学术大家，例如吴晗、林汉达等。所以，少儿知识读物的创作者需始终保持敬畏的心态，去了解你的读者、尊重你的读者，全心全意为他们服务，只有这样，你的作品才能赢得小读者的青睐。

二是讲述与呈现的方式方法有待提高。中国历史知识的大众化、普遍化，并不是我们这几十年才有的课题，甚至可以说是中国历史学的永恒主题。司马迁的《史记》就不必说了。宋元以来，伴随经济和城市的发展，大众化的历史读物深刻影响了中国人的历史观，这些读本流传至今，依然经久不衰。例如三国故事、隋唐故事，以及不胜枚举的话本、唱词和历史小说。这些作品潜移默化地让读者在不经意中记住了历史，记住了典故，丰富了历史知识，建构了自己的历史观，这些经验都值得新一代历史书写者去揣摩、消化、发展与创新。

"了不起的中国历史人物"的写作者正是汲取了以往此类图书创作的经验和教训，并基于自己的学识背景，结合对中国历史人物最新的史料研究成果，采用了较易贴合少儿读者接受能力和阅读兴趣的形式，把中国历史上的这些了不起的人物用深入浅出的方式一一道来。我以为这种方式和方法是正确的，值得深入研究并予以推广。

此外，我颇为赞同的是这套书的系列名——"了不起的中国历史人物"，它直白地宣示了我们对中国历史的尊重。尊重先人的贡献，就是尊重我们自己的历史。中国历史学强调为尊者讳，就是告诉后人，要充满温情与敬意去看待自己祖先的功绩。只有记住了那些"了不起"，才会增进我们的民族自豪感，激活内心的创造动能。历史是一个接力过程，也是一代又一代人接续奋斗的历程。重温中国历史上那些"了不起"的人物，必会增添后人追慕祖先、继续奋斗的勇气与力量。

与亲爱的读者共勉，是为序。

历史是一门常说常新的学问，历史研究是主观性极强的一门学问，除了史料，研究者的经验、阅历、知识、视野，都在制约或影响历史的复原。

姓名 / 汪踦

朝代（时期）/ 春秋

出生地 / 鲁国

出生时间 / 不详

逝世时间 / 不详

主要成就 / 我国史书记载的最早的爱国小英雄，在参加抗击齐国的战斗中，奋勇拼杀，以身殉国

汪踦是春秋时期鲁国的一个儿童，在齐国对鲁国发起战争时，毅然参加战斗，最终牺牲在战场上。鲁国为了表彰他的英勇事迹，破格以成人的礼仪将他安葬。《左传》及《礼记》对汪踦的记载，是我国史书上关于爱国小英雄的最早记载。

春秋时期鲁国人，自幼机敏伶俐，立志报国。

齐鲁大战，鲁军节节败退，齐军兵临城下。

与公为一同上阵杀敌，鲁军深受鼓舞，奋力反击。

为国捐躯，换来鲁国的一场大胜。

鲁国以成人的礼仪为这位少年英雄举行了葬礼。

了不起的中国历史人物

立志报国

　　春秋时期，周王室地位下降，诸侯势力不断崛起，社会处于动荡状态。各诸侯国为了自身的利益，相互之间经常发生战争。

　　齐国和鲁国是邻国，齐国国力强盛，而鲁国的实力远远比不上齐国，所以经常被齐国攻打。双方交战，鲁国总是负多胜少。鲁国的百姓心中对齐国特别愤恨，但敌强我弱，只能忍气吞声。

　　鲁国有个贵族，名叫公为，是个对国家命运非常关切的有志之士。他眼看鲁国在齐国的威胁之下一天天衰弱下去，就时常与友人进行讨论，对国土沦丧、百姓困苦的现状格外忧心。公为的邻居家有个小孩儿，名叫汪踦，他机敏伶俐，经常跟在公为身边，听他与友人谈论国家大事。久而久之，在公为的感染下，汪踦小小年纪就萌生了保家卫国的想法，几次三番地向公为表达自己的愿望。

　　这么小的孩子都能如此勇敢无畏，公为感到无比的欣慰。他想，如果鲁国的每一个人都能如同汪踦一般，不因

少年英才

自己的弱小而怯懦畏战，那么鲁国又何至于一败再败！从此，每当公为遇到国家大事，便会与汪踦一起讨论。

以身殉国

有一次，齐国又对鲁国发起了战争，鲁国毫无意外地节节败退。眼看齐国的军队已经打到了城外。公为为此忧心忡忡，不住地叹气。

汪踦见公为如此烦恼，索性横下心，向公为问道："您是在为城外的战事不安吗？"

汪踦能够猜到他的心思，公为并不感到意外。他点了点头，望着窗外说："两国开战已有些时日，鲁国国力孱弱，这几日粮草、兵员已渐渐不能维系。今天有消息传来，我们又吃了一场败仗。如果再这样下去，国破家亡可就不远了。"

公为说着，眼里渐渐涌出泪水。

汪踦见公为如此伤感，一时也沉默下来。突然，他抬起头，坚定地对公为说："既然如此，那么您何不干脆离开家，到城外去观战，为那些士兵们鼓劲乃至助一把力呢？与其在这里空悲伤，不如做一些能做的吧！"

公为被汪踦的话点醒。说得对啊！无能为力的长吁短

了不起的中国历史人物

少年英才

叹并不能对战局有一丝一毫的改观,相比起来,去到战场上,哪怕只是为士兵们呐喊一声,也是更有意义的事啊!于是公为立刻准备好车马,带着汪踦向城外赶去。

此时,鲁国城内已是人心惶惶,大家都在担心,万一齐兵攻进城来,自己会不会被屠戮。于是纷纷开始收拾行装,打算离家逃难。这时,只见一辆马车从街上疾驰而过,径直往城门的方向赶去。有人看到马车上的汪踦还是个小孩子,以为是他们走错了路,便好心地喊道:"孩子,别再往前了,那是出城的方向,城外这会儿正打着仗呢,快转头逃命去吧!"

谁知,汪踦扬声答道:"您说得一点没错,但我们这是要去城外参战的呀!"

人们听了他的话,又惊异,又担心,但也只好目送他们驾着马车越走越远,直至驶出城门。

刚出城,汪踦就看到一片扬起的沙尘,还夹杂着些听不清楚的呻吟声。他心中一凛,知道可能是遇上了残兵,便尽力站高身体,伸长脖子张望。

等那团烟尘靠近,汪踦终于看清,这果然是一队刚刚从战场上败退下来,正在逃命的鲁国士兵。他们有的丢了盔甲,有的没了兵器,有的血流满面,有的拐着双腿,拼命地后退。汪踦和公为注视着他们,只见每个人的脸上都

混杂着惊慌与恐惧,没有一点士兵应有的斗志。

公为看着鲁军失败的惨相,心痛地摇摇头。而此时的汪踦心中交织着悲痛与愤懑,一腔热血早就沸腾了。他压抑不住自己亲赴战场,杀敌卫国的愿望,于是满怀期盼地望向公为。

公为心中了然,他看着汪踦,这个少年还不满十五岁,身量未足,比起那些正在撤退的残兵败将显得那样单薄。可是,他的眼睛里有坚定、有决心、有勇气,这才是保家卫国的战士该有的一双眼睛!公为对汪踦的欣赏和钦佩不禁又加重几分,但他还是摇摇头,对汪踦说:"孩子,你的心思我知道,可是你年纪太小,还没有一架战车高,怎么能去战场这种凶险万分的地方。听我的话,快点回去吧,后面的路,你就不要再跟着我了。"

汪踦一听公为这样说,立刻着急起来。他上前一步,注视着公为,一字一顿地说:"我常听您说,面临国破的危局,如果不能献身杀敌,那么就是莫大的耻辱。我还听过,国家一旦破灭,百姓也不会有什么好日子可以过。与其让我带着这样的耻辱苟活于世,还不如与您同赴战场,也不枉这一腔热血。"

汪踦这一席话情真意切,公为被深深地震撼住了。孩童尚且如此,自己又有什么理由不奋力一搏呢!他从马车

少年英才

【春秋】汪踦 【战国】甘罗 【东汉】孔融 【东汉】曹冲 【西晋】周处 【南朝】沈约 【南朝】宗悫 【南朝】吉翂 【北宋】王寀 【南宋】岳云 【元朝】王冕 【明末清初】夏完淳

上下来，往路边看了看。那里，士兵失落的武器扔了一地，还有几辆被丢弃的战车。公为看见一辆丢弃的战车还可以使用，就毫不犹豫地跳了上去。汪踦心知公为已经同意了他的请求，便也三步并作两步跳上了战车。

这架战车的栏杆断了几处，车身上留着刀剑清晰的划痕，显然它经历过一场大战。公为和汪踦登上车，此时，这架本应挤满士兵的战车上，只孤零零地站着他们两人和一名受了伤的驭手。

汪踦顾不得驭手投来的异样目光，此刻，他的胸中燃

烧着的都是红彤彤的卫国壮志,眼前也只看得到一路烧杀抢掠的齐国士兵。他抓住车架,高声喊道:"杀啊!"

汪踦高亢的冲杀声一出,周围正在退走的鲁国士兵不由得站住脚步。他们抬头看去,只见一个还未成年的小孩子正站在破损的战车上,目光灼灼,信心坚定地呼喊着。他的身边,一名看起来斯文儒雅的中年人举起手边的一把长矛,也高声呐喊起来:"为了国家,为了自家,切不可再退了!冲啊!"

士兵们都有些惊疑,不知道这两人为什么在败退之时还如此坚定地要力战到底。有的士兵丝毫不为所动,依旧头也不回地向城内撤走,有些也许还留有一些志气,打量着周围,不知是否能回头再搏杀一回。

公为和汪踦喊了几声之后,终于,这架战车的驭手被公为和汪踦无畏赴死的精神深深震撼。他决定抓起缰绳,和他们共同作战。驭手驾驶着战车,调转方向,在源源不绝的撤退的人潮里,迎着齐军即将杀过来的方向冲了上去。

那是怎样的一幅场景啊!风烟滚滚,穿戴盔甲的士兵四散奔逃,而就在他们眼前,这辆战车以最坚定的姿态,义无反顾地冲向披坚执锐的敌人。战车上站着那样伶仃的三个人,有伤有弱,看上去早应该望风而逃了。然而,他们呼喊着,咆哮着,举起手中仅有的武器,满脸绽放着视

少年英才

死如归的坚定,要为这个国家献上自己最后一点力气。

渐渐地,从他们战车旁经过的鲁国士兵止住退却的脚步,他们眼中开始闪烁一些从未有过的激奋人心的信念之光,并在越聚越多的人们之间迅速传递开来。是啊,国破即是家亡,谁又想做无国无家的亡国奴呢!他们的手开始攥紧手中的武器,这时,有一个雷鸣般的声音从人群中响起:"兄弟们,打回去呀!不能就这么窝窝囊囊地输了!"

星星之火,可以燎原。这一声振聋发聩,燃起每一个士兵胸中火热的爱国血性。他们纷纷转过身,跟在汪踦、公为的战车后面,冲向追击而来的齐军。

齐军万万没有想到,这样一支被打散溃逃的败军,竟然可以卷土重来,而且还充满着无畏的气势和坚定的决心。一时之间,齐军士兵都有些措手不及,被鲁军冲杀得失去了章法,只能一味抵挡,连像样的进攻都组织不起来了。

鲁军眼看自家非但不是以卵击石,竟然还占据上风,不禁士气高涨。他们呼喊着,豁出性命,越战越勇。齐军从未见过这样坚定顽强的鲁国士兵,心中又惊慌又害怕,不由得开始瑟缩不前。此消彼长,鲁军很快占据优势,最终将齐军的战略防线攻破,迫使齐军只能败退后撤。

鲁军取得了一场此前从未有过的胜利,士兵们欢呼雀跃着,彼此激动地拥抱庆贺。这时,有人想起来,那架最

了不起的中国历史人物

初引领大家反击的战车去哪了呢?那架战车上,那个英勇的、第一个呐喊起来的少年又在哪里呢?

士兵们开始在战场上寻找,翻遍整座山,寻遍每条路,终于找到了还紧紧握着砍刀的汪踦。只是,此时的他早已无法发出任何声音。这个小小少年,已经在这场战役里流尽了自己的一腔热血,为国捐躯。

流芳百世

汪踦力挽狂澜,引领军队奋勇杀敌,力战齐军,取得胜利,最终献出生命的故事渐渐传遍鲁国。人们对这位小英雄无比敬佩,自发地要求给他举行隆重的葬礼。当时,社会礼法严苛,没有成年的小孩子按照习俗是不可以大肆祭奠的。但是,汪踦于国有功,深受百姓推崇,于是在该为汪踦举行怎样的葬礼这个问题上,人们开始了激烈的辩论。几番讨论没有结果,人们终于决定,去向大学问家孔子请教。

孔子面对人们的提问,感慨地说:"如果说,一个小孩子,可以和大人一样上战场,英勇杀敌,毫不畏死,那么他的思想与成人又有什么两样呢?他一样是高尚的。这样的人,当然应该祭奠,也应该让更多的人知道并尊敬。"

了不起的中国历史人物

孔子一番话说得人们心服口服，大家没有异议，共同为汪踦举行了规模浩大的丧礼。汪踦就此成了我国史书上记载的第一个少年英雄，被千千万万的后人铭记。

古文链接

礼记·檀弓下（节选）

战于郎。公叔禺人遇负杖入保者息，曰："使之虽病也，任之虽重也，君子不能为谋也，士弗能死也。不可！我则既言矣。"与其邻童汪踦往，皆死焉。鲁人欲勿殇童汪踦，问于仲尼。仲尼曰："能执干戈以卫社稷，虽欲勿殇也，不亦可乎！"

译文：鲁国与齐国在郎交战。鲁国的公叔禺人看见扛着兵器的士兵进城休息，就说："虽然徭役已经使百姓很辛苦了，赋税也使百姓的负担很重了，可是卿大夫不能好好谋划，担负公职的人又没有牺牲精神，这样不行啊！我既然这样讲了，就要努力做到。"因此就与邻居的孩子汪踦一起奔赴战场，最终以身殉国了。鲁国人想为汪踦举办一场成人的丧礼而不是童子的丧礼，但是由于没有先例，就去请教孔子。孔子说："他能像成年人一样拿起武器来捍卫国家，那么为他办一场成人的丧礼，不也可以吗？"

姓名 / 甘罗

朝代（时期）/ 战国

出生地 / 下蔡（今安徽凤台）

出生时间 / 不详

逝世时间 / 不详

主要成就 / 十二岁出使赵国，帮助秦国得到十几座城池，被封为上卿甘罗，战国时期秦国名臣甘茂之孙，自幼聪明过人，小小年纪便拜入秦国丞相吕不韦门下，担任少庶子。十二岁时出使赵国，使用计谋，帮助秦国得到了十几座城池，为秦国立下大功，被秦王拜为上卿。

战国时期秦国人，秦国左丞相甘茂之孙。

天生聪敏，在丞相吕不韦门下担任少庶子。

主动请缨，劝说张唐同意出使燕国。

再次请缨，出使赵国，为秦国赢得十余座城邑。

十二岁即被秦王封为上卿。

了不起的中国历史人物

说张赴燕

甘罗出身名门，是战国时期秦国左丞相甘茂的孙子。甘罗从小就聪明机智，能言善辩。在他十二岁时，他的祖父甘茂去世，于是甘罗投到了秦国丞相吕不韦门下，担任少庶子。

当时，吕不韦为了扩大他在河间的封地，打算与位于赵国另一面的燕国联合，以两国之力夹击赵国，迫使赵国就范。为此，他安排蔡泽在燕国做大臣。经过三年的努力，蔡泽终于说服燕王将太子丹送到秦国当人质。

吕不韦见时机已经成熟，便准备派张唐到燕国为相，进一步加深对燕王的影响，以联合燕国攻打赵国。然而当他将张唐召来，把自己的计划和盘托出后，却遭到了张唐的婉拒。张唐对吕不韦说："吕相，并非是我不愿意去，而是因为我曾经作为将领攻打过赵国，夺取了他们大片的土地，也斩杀了不少人，赵人对我恨之入骨。赵王也说，如果有谁能抓到我，就赏赐他百里土地。此次去燕国必然要经过赵国，我恐怕无法平安到达目的地，更谈不上完成与

少年英才

燕联盟的任务了。"吕不韦听他这么说，心中很是不快，但也没有办法勉强张唐，只能自己生闷气。

甘罗看出了吕不韦的不满，便上前说道："丞相不用烦心，我有办法可以说服张唐，让他答应去燕国。"吕不韦心烦意乱，没好气地说："我亲自找他谈都无功而返，你一个小孩子能有什么办法。"甘罗不慌不忙地说："春秋时期的项橐（tuó）七岁就可以给孔子当老师，我如今已经十二岁了，为丞相分忧又有什么不可呢？丞相不如就让我去试试吧。"吕不韦闻言，心中半信半疑，但见他如此胸有成竹，便同意让他去劝说张唐。

甘罗见到张唐，直截了当地问他："您与武安君白起相比，谁立下的功劳更大？"原本张唐见甘罗是个小孩，便有些轻视，没想到甘罗一开口就是这样严肃的问题。他心下一惊，答道："武安君一生立下无数战功，向南重挫楚国，向北威震赵、燕，攻城无数，从没有吃过败仗，我是比不上他的。"

甘罗点点头，继续问道："那在您看来，当年的应侯范雎与当今的吕不韦，谁的权势更大？"张唐回答："吕不韦的权势要大过范雎。"甘罗正色道："当初范雎要发兵赵国，白起不愿为将，结果被范雎陷害，被秦王赐死。大人功劳不如白起，却敢违拗权势大过范雎的吕不韦，是不想要身

了不起的中国历史人物

家性命了吗?"张唐被一语惊醒,连忙说道:"枉我为官这么多年,竟要你这稚龄童子来提醒,看来我也只有听命这一条路了。"于是让人备车备马,筹措盘缠,准备择日去往燕国。

出使赵国

甘罗说服张唐,这令吕不韦对他刮目相看。眼看张唐启程在即,他提出的问题却依然摆在众人的面前:赵国是

少年英才

不会轻易放他通过的。为了解决这个问题，甘罗再次向吕不韦请缨，请吕不韦说服秦王，派给他几驾车马，让他先行去赵国，为张唐扫清障碍。吕不韦思虑再三也想不出更好的办法，于是进宫向秦王转述了甘罗的想法和要求。秦王对甘罗这个不到弱冠之年的少年很是好奇，便将他召进宫来，详细询问他的计划。甘罗不卑不亢，应对得体，将自己的计划阐述得明白清晰。秦王不由对他欣赏有加，于是应允了他的要求，将他派往赵国。

甘罗一行人刚来到赵国都城外，就遇到了亲自前来迎接的赵国国君赵悼襄王。甘罗开门见山，对赵王说："承蒙大王亲自远迎，甘罗受宠若惊。敢问大王，您可知燕国国君将他的太子丹送往秦国当人质的事吗？"赵王点头道："寡人是听说了此事。"甘罗接着说道："那么秦国将张唐派往燕国为相的事，大王是不是也知道了呢？"赵王回答道："的确也知道了。"甘罗严肃地对赵王说："大王您看，燕王愿意将太子丹送来秦国，这就向秦国表达了他们不会背叛的决心。而秦国派遣张唐去燕国为相，也显示了秦国与燕国结盟的诚意。秦和燕位于赵国的两侧，他们结成联盟，目的不是攻打赵国还能是什么呢？赵国真的有自信可以承受住两国的夹击吗？"

赵王向甘罗询问道："既然如此，那秦国派你到赵国

【春秋】汪锜　【战国】甘罗　【东汉】孔融　【东汉】曹冲　【西晋】周处　【南朝】沈约　【南朝】宗悫　【南朝】吉翂　【北宋】王寀　【南宋】岳云　【元朝】王冕　【明末清初】夏完淳

了不起的中国历史人物

少年英才

来又有什么目的呢?"甘罗正色道:"大王想过没有,秦国为什么要与燕国结盟?无非是为了扩大河间一带的领地罢了。您若想避免此次的刀兵之祸,最简单的做法就是送给秦国几座河间地区的城邑,向秦国示好。我可以代大王劝说秦王,让他送回燕太子丹,放弃与燕国联盟,转而与赵国联合,攻打燕国。赵国比燕国要强大得多,秦国如果真的与赵开战,哪怕联合燕国,自己的损耗也会很大,倒不如攻打燕国获益大。秦王权衡之下,很有可能会采纳我的提议。"

赵王听后,很认同甘罗的看法,于是将赵国在河间的城邑划分出五个给秦国。秦王也果真如甘罗所说,将燕太子丹送回了燕国。赵国倚仗着强大的秦国为后盾,向燕国发兵,一举拿下了上谷地区的三十个城邑,并将其中的十一个城邑送给了秦国。

甘罗为秦国立下大功。回到秦国后,秦王对他大加封赏,将他封为上卿,又把甘茂曾经的土地屋宅都赏赐给他。

甘罗凭借自己的机智冷静,使秦国不费吹灰之力便得到了大片疆域。他以十二岁的稚子之龄,完成了许多成年人都未必能做到的事情,成了我国千百年来少年英杰的代表。

/知识链接

甘 茂

甘茂，战国时期下蔡人，自幼学习诸子百家学说，后来通过纵横家张仪等人的引荐，见到了秦惠文王，并得到了秦惠文王的重用，曾奉命带兵夺取了汉中地区。

秦惠文王死后，秦武王即位。没过多久，秦国公子蜀侯辉和他的辅相陈壮起兵谋反，甘茂奉命前去平叛，凯旋后被任命为左丞相。

公元前307年，秦武王意外死亡，秦国政局大变。甘茂在率军攻打魏国时，遭到了向寿、公孙奭（shì）等人的诋毁，甘茂恐有不测，便逃到了齐国。

在齐国，甘茂遇到了纵横家苏代，他正要代表齐国出使秦国，甘茂便请求他帮忙，以保自己妻儿的性命。苏代爽快地答应了下来。

苏代到了秦国，对秦王说："甘茂在秦国居住多年，颇受先王重用，从肴塞至鬼谷，何处地形险要，何处适合设伏，他都了如指掌。如果他依靠齐国，反过来图谋秦国，对您来说可不算有利呀。"

秦王觉得有道理，便问他有何对策。苏代说："大王不如赐他高官厚禄，派人把他迎回来，假如他愿意回来，便将他囚禁起来，终身不准出来。"秦王果然照办，不仅许以上卿的职位，还免除了甘茂全家的赋税徭役。

苏代回到齐国，对齐王说："甘茂是个有本事的人，现在秦国愿意拜他为上卿，想请他回去，可甘茂为了报答您的收留之恩，因此拒绝了秦国。现在您拿什么来礼遇他呢？"

齐王听完，立马将甘茂拜为上卿，将他留在了齐国。

后来，甘茂一直为齐国所用，最终客死于魏国。

姓名 / 孔融

朝代（时期）/ 东汉

出生地 / 鲁国（今山东曲阜）

出生时间 / 公元153年

逝世时间 / 公元208年

主要成就 / "建安七子"之一，代表作有《荐祢衡表》等孔融,字文举,东汉末年文学家,"建安七子"之一。他自幼勤奋好学,才华出众,喜欢抨议时政。他能诗善文,曹丕称他的文笔可以与汉赋四大家之一的扬雄和文学家班固相媲美,代表作有《荐祢衡表》等。

生于东汉书香世家,
自幼聪慧过人,广有才名。

参加名士李膺的聚会,
面对刁难,巧妙回击。

私藏要犯,被捕入狱,
一门争义,刚正和睦。

个性清高,多次辱慢权臣曹操。

以蔑视国法为由,
被诬陷入狱,判处死刑。

了不起的中国历史人物

孔融让梨

　　孔融的先祖是春秋时期的大思想家、大教育家孔子，家族中很多人都很有学问且身居高位。他的父亲孔宙官至太山都尉，母亲也知书识礼，孔融在这样的家庭中长大，从小就非常勤奋好学，加之他聪慧过人，所以，小小年纪就在同龄人中脱颖而出，广有才名。

　　孔融家有七个兄弟姐妹，他排行第六，兄弟间感情非常和睦。孔融四岁那年，有一天，母亲为孩子们拿来几个梨。孔融年纪最小，母亲就让他先挑。

　　孔融看着这一堆黄澄澄大小不一的梨，没有丝毫犹豫，拿起最小的一个。母亲十分惊奇，连忙问他道："你为什么拿这个呀？旁边不是有很多更大更好的吗？"

　　孔融认真地对母亲说："哥哥们都比我年龄大，应该吃

少年英才

大的；我最小，吃小的就可以啦！"

母亲听完孔融的话，高兴得一把把他搂在怀里，一连声地说："这么小就懂得友爱谦让，真是个好孩子，长大了一定会是个了不起的人！"

小时了了

孔融长到十岁，父亲为了让他开阔眼界，带他来到京城洛阳。洛阳与孔融的家乡不同，这里学者、文人云集，其中，一个叫作李膺的人名望最高，到他家去拜会的人络绎不绝。但是，李膺性情高傲，他嘱咐门下，除非是世交亲友或者当朝名士，否则一律不见。

一天，李膺正在家中和朋友们聚会，下人来禀报说，门外来了一个人，自称是李家的世交子弟，要求会见李膺。李膺允许了，不一会儿，大厅里走进来一个十来岁的少年，正是孔融。只见他一一向在座的诸位名士行礼问安，行止有度，落落大方。李膺打量着他，心中有些纳闷："这个少年举止不凡，是哪一家的世交子弟，我怎么一点印象都没有呢？"

于是，李膺狐疑地开口问孔融："这位公子，你自称是我世交之子，不知到底是哪一家呢？难道是祖上有什么交

往吗？"

孔融坦然直视李膺，从容地说道："在下姓孔名融，是孔子的二十世孙。孔子与您的先祖老子是师长朋友一样的关系，经常会向老子讨教学问，老子也赤诚以待。如此算来，我们两家算是二十代的世交了。"

李膺听了孔融的话，不禁拊掌大笑起来，连连称赞他对答巧妙，在座的宾客也纷纷感叹这个少年聪慧过人。正当大家都对孔融赞不绝口的时候，厅中走进来另一位客人。此人名叫陈韪，是朝中非常有权势的官员。他听到众人对孔融的夸奖，却摇了摇头，不以为然地说道："小时了了，大未必佳。"意思是说，小时候看上去很出色的人，长大了却未必有什么过人之处。

听到这句话，在场的众人不禁都把目光投向孔融，想

少年英才

看看他会如何应对。只见孔融炯然直视着陈韪,不慌不忙地说道:"如此说来,大人您小时候想必是聪慧过人的吧?"

孔融的回答巧妙地回击了陈韪尖锐的评价,让他立时哑口无言。李膺见此不由再次大笑起来,一连声地感叹孔融将来必定会有一番作为。

一门争义

孔融生活的时代,时局非常混乱,朝政被宦官把持,忠直之士经常遭到陷害。有位官员名叫张俭,他向皇帝上书,检举一个名叫侯览的宦官,痛陈他贪污受贿、欺男霸女、横行乡里的恶行。谁知,这封奏折还没有送到皇帝眼前,就先落到了侯览手中。为了报复张俭,侯览教唆张俭的一个同乡,让他给皇帝上书,诬告张俭意图谋反。皇帝看过奏折后,当即下令逮捕张俭。张俭听到风声,在抓捕他的人到来之前从家中逃了出来,但是一时之间无处可去。忽然,他想起自己和孔融的哥哥孔褒是至交好友,于是连夜去投奔他。

张俭到了孔家门外,出来应门的是只有十六岁的孔融。他看着这个陌生人,客气地说道:"先生,您是来找谁的呢?"

了不起的中国历史人物

　　张俭看着眼前的这个少年,想到自己现在必须隐藏的身份,有些踌躇。他犹豫着问道:"请问孔褒在家中吗?"

　　孔融回答道:"家兄出外办事去了,正巧不在。"他看着为难的张俭,心知他一定是遇到了什么棘手的事,便笑着说:"您找家兄有什么事情吗?虽然他不在,但我也可以决断。先生不如先进来详细说吧。"他一边说着,一边把张俭让进家门。

　　张俭向孔融说明了自己的来意。孔融听后,沉吟了一阵,便毅然对他说道:"先生大义,为民请命,我又怎么能因为惧怕而将您拒之门外呢!就请您先暂时住下来吧,等

少年英才

过几日再另想办法。"就这样，孔融将张俭收留下来。

几日之后，抓捕张俭的风声逐渐平息。张俭向孔融再三道谢后，便动身离开了。本以为这场风波就这样烟消云散了，谁知孔家藏匿要犯的风声还是泄露了出去，孔融、孔褒都因此被官府捉拿，下了大狱。

令人想不到的是，公堂之上，孔融对审判官说："张俭前来投奔，是我做主将他留下并藏匿起来的，与我的家人无关。如果要惩罚，请都归罪于我，不要牵连我的兄长。"而孔褒说："张俭是我的朋友，他来我家也是来找我的。弟弟只是尽了主人之谊，替我招待了客人，他并没有过错。请给我定罪吧，我甘愿领受。"

兄弟二人都争相承担责任，为对方开脱，这可把负责主审的官员弄得没了办法。无奈之下，他只得传来孔氏兄弟的母亲，想让她提出一个可行的判断办法。没想到，这位夫人平静地对官员说道："家中出了事情，该由年长的人承担责任。藏匿要犯，是我的失察，应该由我来承担罪责，请大人给我论罪吧。"

主审官面对这一家争相担责、毫不畏死的局面一筹莫展，几番犹豫，无法决断，只得把案件上报，交由皇帝来定夺。

不久以后，皇帝的旨意传了回来，孔褒被定罪，孔融

和母亲无罪释放。孔氏一门争义的故事流传开来，人们都很钦佩这家人的刚正和睦，孔融的名气也越发大了起来。

侮慢权臣

孔融长大之后，才学日渐精进，多次被各方权势官员延揽，入朝为官。但是，他个性清高，看不惯官场的一些陋习，与一些大臣时有摩擦，所以他也几度辞官回乡。这些与他素来不睦的官员中，就有大权在握的曹操。

一次，曹操率军讨伐大军阀袁绍，在攻破袁绍的大本营邺城后，大肆屠杀城中百姓。袁绍有个儿子叫作袁熙，他的夫人甄氏是天下闻名的美女，曹操的儿子曹丕对此素有耳闻。在将袁绍家中的妇孺都掳掠而去后，他便私自娶了甄氏。

孔融得知了这件事，觉得曹丕的做法有违君子之道，便写信给曹操，说："当初周武王伐纣，把妲己赏赐给了周公。"借此讽刺曹氏父子在讨伐平叛之余做出劫掠妇女的事情。曹操接到信，一时没有弄懂孔融的意思，便又向他询问。孔融只回答他："你想一想最近发生的事，自然就明白了。"曹操后来明白过来，便暗暗在心里埋下了芥蒂。

几年后，曹操北征乌桓。孔融又讥讽他道："将军为了

少年英才

这么个弹丸之地，还要亲率军队远征，不如连带着把那些跟朝廷有过诸如不进贡这样的小摩擦的地方也一并征讨了吧！"曹操没有理会孔融的讥讽，心中的不满却又加深了一层。

此后，孔融在禁酒和征讨刘表等一系列事情上多次和曹操意见相左，两人之间的龃龉（jǔ yǔ）也越来越深。

惨遭杀害

后来，孔融看出曹操已有挟天子以令诸侯的不臣之心，常常语气偏激地与他针锋相对，而随着孔融对尊崇天子、限制诸侯等做法的大力支持，曹操也越来越无法容忍他。

可当时孔融名重天下，所以曹操一时不好公开处置他。恰好曹操身边有个叫作郗（xī）虑的小官摸准了曹操的心事，便以蔑视国法为由向皇帝上奏，要求罢免孔融的官职。

曹操终于得到这个机会，于是马上推波助澜，指使路粹诬陷孔融"招合徒众""欲图不轨""谤讪朝廷""不遵朝仪"，孔融就这样被抓捕下狱。建安十三年（公元208年）八月，孔融被处死，并株连全家，时年五十六岁。

/作品欣赏

杂 诗

远送新行客,岁暮乃来归。

入门望爱子,妻妾向人悲。

闻子不可见,日已潜光辉。

孤坟在西北,常念君来迟。

褰(qiān)裳上墟丘,但见蒿与薇。

白骨归黄泉,肌体乘尘飞。

生时不识父,死后知我谁。

孤魂游穷暮,飘摇安所依。

人生图嗣息,尔死我念追。

俯仰内伤心,不觉泪沾衣。

人生自有命,但恨生日希。

译文：因为远送一位新近结识的游子，直到年底才返回家乡。一进门就四处寻找可爱的儿子，却见妻妾悲伤万分。听说儿子的死讯后，太阳仿佛瞬间失去了它的亮光。妻妾同说："他的坟墓在西北的山冈上，你回来得太迟了。"我撩起衣裳，登上西北的山冈，蒿草与野豌豆到处都是，多么荒凉！你活着的时候还不认得父亲，死后更没机会认识了。可怜何处才是你孤魂的归所，只能在幽冥之中飘飘荡荡。人总希望能有子嗣接续香火，可你这一死，留给我的只剩无穷无尽的惆怅。我俯仰天地，无限伤心，不觉泪水湿透了衣裳。人生自有命运去安排，遗憾的是活在世间的时间太短暂了。

曹冲

姓名／曹冲

朝代（时期）／东汉

出生地／沛国谯县（今安徽亳州）

出生时间／公元196年

逝世时间／公元208年

主要成就／少年早慧的代表人物，为世世代代铭记

曹冲，字仓舒，又作苍舒，东汉末年神童，曹操之子。曹冲自小聪明宽仁，学习用功，深得曹操喜爱，可惜年仅十三岁就因病去世了。

壹 东汉末年政治家曹操之子，有"神童"之誉。

贰 以妙法称象，赢得百官交口称赞。

叁 心地宽厚仁慈，智救库吏。

肆 十三岁身患急病，医治无效，英年早逝。

伍 曹丕称帝后，追赠其为邓哀侯，追封邓公、邓哀王。

曹冲称象

曹冲，字仓舒，是东汉末年政治家曹操的儿子。曹冲自小聪慧，与常人不同，五六岁时，他的心智思维就能与成年人相媲美。周围人都很惊讶，曹冲"神童"之名逐渐传扬开来。曹操因此对他极为喜爱，经常把他带在身边，亲自教导。

一次，江东的孙权给曹操送来一头大象。大象这种动物在当时非常少见，曹操接到消息后很高兴，便兴致勃勃地带着许多下属官员一起去迎接这件特殊的礼物。

毫不意外，当大象出现在众人面前时，大家都惊呆了。这头大象又高又大，每一条腿都像宫殿里的柱子一样粗。人们站在它身边，都够不到它的背。随着大象一步步走近，大地都被震得晃动起来。"这不是一座小山吗！"人们忍不住大声地惊呼起来。

曹操绕着大象转了几圈，一边仔细打量，一边在心里暗暗惊叹。这样的庞然大物真是前所未见！他突然冒出一个想法：不知道这头大象到底有多重呢？曹操转过身，向众官员说道："这头象可真是个大家伙！谁有办法能称称它

少年英才

到底有几斤几两吗?"

话一出口,大臣们就纷纷议论起来。

有的提议说:"可以造一杆大秤,专门来称大象的重量。"

立刻有人反驳道:"那得需要多大的秤啊,而且大象走来走去的,也没法称啊。"

又有人提出:"大象不受控制,实在想不出好办法,唯一的可能就是把大象杀了来称量。"

大臣们立刻反对道:"这可不行!为了称重量就活活宰杀大象,太可惜了!"

大家议论了好久都没有结果,曹操也不由地摇了摇头。就在大家都毫无办法时,一个小孩子排众而出,大声地说:"我有办法称大象!"

大家定睛一看,正是跟随父亲一起前来的曹冲。曹操十分惊讶,对曹冲说道:"你有办法?来说说看吧。"

曹冲附在曹操耳边,如此这般说了一阵,曹操听得哈哈大笑,点头道:"果然是好办法!"于是他吩咐手下人,按照曹冲的要求,去找来称象需要的工具,然后转身对大臣们说:"来,咱们一起去看看他是怎么称象的吧。"

大臣们满头雾水,跟着曹操来到河边,只看到河岸上摆着一堆石头,岸边还停着一艘船。他们左思右想,还是

琢磨不出曹冲葫芦里卖的是什么药，只得全部望向他，看他如何称象。

曹冲胸有成竹地站在岸边，指挥着军士将大象牵上船，然后把船划到河中间。等船稳定后，让人在船身与水面持平的地方刻下一道记号。做完这一切，再把大象牵回岸上，把岸边的石头一块一块装上船。随着石头越装越多，船身也一点点下沉，到水面与刻下的记号齐平时，曹冲便让装石头的军士们停了下来。

大臣们看到这里都明白了曹冲的方法，对呀，装石头和装大象到达同一个记号处，那只要称一称石头，不就知道大象有多重了嘛！大家纷纷赞叹起来，连声说："可真是个好办法啊！"

曹操环视众人，很为曹冲感到得意，对他也越发喜爱了。

智救库吏

曹冲得到人们的交口称赞，除了智慧过人，还因为他心地宽厚仁慈，曾经多次为百姓和官员们解决困难。

当时，社会动荡，局势很不稳定，各方势力经常相互攻伐。曹操治下严厉，律法也很严苛，军士或者百姓们犯一点小错就会招来很严重的惩罚。有一次，看管军备库房的库吏一时疏忽，没发现库房里进了老鼠，致使曹操的马鞍被啃坏。库吏吓坏了，心想这次肯定会被严惩的，说不准曹操一生气，自己小命都保不住了。他思来想去，没有什么能脱罪的办法，只得反绑住自己的双手，打算去向曹操自首请罪。

曹冲偶然间看到这名库吏，见他绑着自己，感到十分奇怪，就向他询问事情原委。曹冲听完前因后果，不禁对库吏十分同情。他有心要救下库吏，便对他说："你不要着急去向父亲请罪，等三天后再去吧。"

曹冲回到房间，仔细思考了一会儿，脑中闪现出一个

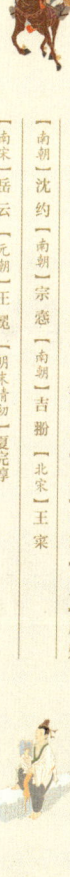

绝妙的主意。他找出自己的一件衣服，用小刀戳出几个窟窿，伪装成被老鼠啃坏的样子，然后穿在身上，等着曹操回家来。

到了傍晚时分，曹操回到府中，一进门就看到曹冲正在不住地摇头叹气，一脸忧愁。他十分奇怪，这个孩子一向是凡事不放在心上的，这是发生什么事情了呢？于是，他关切地向曹冲询问起来。曹冲一边难过地抻了抻身上的衣服给曹操看，一边语气低落地说道："父亲您看，我这件衣服被老鼠咬得不成样子了。人们都说，衣服被老鼠咬坏是很不好的征兆，预示着有灾祸发生，我就是在担心这个啊。"

曹操听完大笑起来，边笑边抚摸着曹冲的头说道："真是孩子气，那些话都是人们乱传的，怎么能当真呢。"说着，他便绘声绘色地给曹冲讲起自己当年为了百姓不被迷信所害，下令拆毁济南城内六百多座祠堂的往事。曹冲一边认真听着，一边不断地点头，为父亲的果决和爱护百姓的仁德而感到无比骄傲。

三天之后，库吏来向曹操报告马鞍被咬坏的事。曹操想到曹冲几日前的行为，心中立刻明白了儿子的用意。他很赞许曹冲仁慈宽和的心性，便对库吏说道："我儿子的衣服平时经常穿，还免不了被咬坏，何况常年放在仓库里的马鞍，一时失察被老鼠钻了空子也是难免的。"他挥了挥手，没有责罚库吏。

不幸夭折

曹冲对下仁爱，识见通达，像这名库吏一般被曹冲暗中帮助而获得宽大处理的，有几十人之多。曹操多次向大臣们夸赞曹冲，很有让他当自己继承人的打算。但是天不

从人愿，十三岁时，曹冲突然患上急病，诸多大夫穷尽心力，曹操也亲自为曹冲祈福，但最终还是药石无灵。几天后，曹冲就去世了。

曹冲去世后，曹操极为哀痛，追赠给曹冲骑都尉的官印绶带，还把宛侯曹据的儿子曹琮过继给曹冲，封他为邓侯。曹操去世后，他儿子曹丕继位为魏王。不久，曹丕废掉汉献帝，自己做了皇帝，追赠曹冲为邓哀侯，几年后又追加称号为邓公、邓哀王。

作为少年早慧的代表，曹冲的一生虽然如同彗星一般明亮而短暂，却留下了一个个传奇的故事，为世人所乐道和铭记。

/古文链接

异苑·卷三（节选）

山鸡爱其毛羽，映水则舞。魏武时，南方献之。帝欲其鸣舞而无由，公子苍舒令置大镜其前，鸡鉴形而舞，不知止，遂乏死。

译文： 山鸡十分喜爱自己的羽毛，看到水里面自己的倒影就会跳起舞来。东汉末年，南方进贡了一只山鸡给曹操。曹操打算让它打鸣起舞，却始终没有办法。曹冲便让人在山鸡面前放置了一面铜镜，山鸡看到铜镜中自己的样子便开始起舞，它越跳越欢，竟不知道停歇，最后累死了。

这则典故就是成语"山鸡舞镜"的由来，比喻自我欣赏或顾影自怜。

姓名 / 周处

朝代（时期）/ 西晋

出生地 / 义兴阳羡（今江苏宜兴）

出生时间 / 约公元 236 年

逝世时间 / 公元 297 年

主要成就 / 少年时代改过自新，留下"周处除三害"的传说，后成为名臣、将军

周处年少时纵情肆欲，为祸乡里，后来浪子回头，留下了"周处除三害"的传说，并在名士陆机、陆云的指导下建立了卓越的功勋。吴国灭亡后，周处在西晋入仕，因为刚正不阿，得罪了权贵，被派往西北讨伐叛乱，最终寡不敌众，战死沙场。

壹 三国时期吴国人，自幼恃宠而骄，横行乡里。

贰 受人点拨，幡然醒悟，立志改过自新。

叁 专心读书，文武兼修，前往洛阳为官。

肆 政绩显著，但清正不阿，得罪了很多人。

伍 随军出征，遭人算计，拼命杀敌，以身殉国。

"小霸王"来了

周处,字子隐,出生于三国时期的吴国,是义兴阳羡人。周处的父亲周鲂是吴国的鄱阳太守,位高权重,而且特别受国主孙权看重。周处少年时家境十分优越,衣食无忧,生活非常惬意。

然而好景不长,周处十几岁时,周鲂生病去世,母亲带着他回到老家义兴。周处生性调皮,母亲对他十分溺爱,自他父亲离世后更是对他百依百顺,周处因此被宠得越来越不像样子。随着年岁的增长,周处渐渐成了家乡当地的一霸,虽然没有违法乱纪,但横行霸道,随意与人争吵打架,毁坏庄稼之类的事可是没少干。

当地百姓对周处这个小霸王恨得牙痒痒,可是周家家大业大,周鲂荫庇在前,周处又蛮不讲理,所以没有人敢管教他。久而久之,周处成了百姓们眼中的洪水猛兽。谁若是在路上碰到他,都会早早避开,以免惹祸上身。人们为了表达对周处的厌恶,甚至把他编进讲给小孩子听的童

少年英才

谣里,在那些故事中,周处成了比怪物、妖精还要可怕的东西。只要他一出现,必然掀起腥风血雨,烧杀抢掠,民不聊生。小孩子也都信以为真。

从此,在义兴一带,"周处"这个名字成了震慑小孩的专用词。哪个哭起来没完没了,家长只要说一句"周处要来了",立刻就能让孩子安静下来,不再闹腾。

周处对此一无所知,每天就知道四处游手好闲地浪荡,见周围人对自己"又怕又敬",还十分得意。

周处除三害

有一天,他照例在外闲游,骑着马从街市上飞奔而过,来不及避开的行人被他带倒好几个,有离得近些的甚至摔得头破血流。周处对此却没有丝毫歉疚,甚至还觉得路人的狼狈相很有趣。他哈哈大笑着对那些摔倒的人评头论足,一点都没发觉大家的眼神里充满的不只是惊惧,更有厌恶。

当天晚上,周处正在家中一边大快朵颐,一边回味自己白天的"战绩"。突然,一位老人前来求见周处。周处感到十分奇怪,自己的"威名"传遍十里八乡,平时是没什么人敢登门拜访的,今天这是怎么了?周处让家丁放老人进来。老人进来后,周处却连眼皮都不抬一下,问道:"是什么人这么大胆,敢来打扰我吃饭啊?你最好能说出什么让我感兴趣的事来,不然看我怎么收拾你。"

老人并没有被周处的恶语给吓住,也没有计较他不迎接、不让座的毫无礼数的行为。他直视着周处,平静地说:"素来听说周公子骁勇过人,可以以一当百。咱们这个地界最近出了三个祸害,不知道公子有没有意愿为老百姓除去这些祸患,也可以给自己扬名立万呀。"

周处一听,顿时来了兴致。他一向十分得意自己的武功造诣,经常自我夸赞,在义兴这个地方无出其右。他看

少年英才

着老人,问道:"究竟是什么样的祸害呢?你尽管说出来吧,我周处一定能全都解决掉!"

老人紧紧地盯着他,缓慢而清楚地说:"第一害,就是盘踞在南山的白额吊睛猛虎。这只凶恶的老虎占山为王好几年了,过往的行人被它攻击受伤的数不胜数。南山几乎就要变成没人敢去的荒山了。"

周处听完,笑了起来,说道:"一只老虎而已,我还以为会有多难对付。你放心吧,这等畜生,我明天就解决了它。"

老人见他如此勇敢,心中微微有些佩服。他注视着周处,接着说:"这第二害,在长桥之下。那里潜着一条蛟龙,稍一动身就会翻江倒海,出海捕鱼的船只经常被它弄翻,已经出过好几次事故了。再这样下去,渔民们都不敢出海了。"

周处毫不在乎地接口说:"这也没什么,蛟龙有什么可怕的,我一样能让它归了西。第三害是什么,你也别卖关子了,赶紧说出来,我一并料理了。"

没有想到,老人目光灼灼地盯着周处,一句话也不说。周处不耐烦起来,又催促了一遍。老人这才深吸一口气,一字一顿地说道:"为祸乡里的第三害,姓周名处,是义兴大户周家的公子。平日,这位周公子横行霸道,欺压乡民。

比起那猛虎、恶龙来，百姓们对周处才是怀着最大的恐惧呢！"

周处被老人的这一番话震惊了。他虽然横行霸道，可从没发觉自己竟过分到被人们深恶痛绝的地步。周处细细地回想自己这几年的所作所为，越想越心惊，越想脸越红：曾几何时，自己竟然变成了这样的人！

周处望着老人，张口结舌，一句话也说不出来。过了很长时间，他才艰涩地发出低沉的声音："老人家，这第三害，我有办法除去吗？"

老人明白，周处这是有了悔改之心。于是，他语气和蔼地对周处说："你只要有决心，就一定可以做到。"

周处也明白了，老人这是给自己上课来了。他感激地望着老人，下定决心说道："您放心，这三害，我一定除掉，再不让它们为祸乡邻。我也一定要让乡亲们相信，我周处不是什么避之唯恐不及的祸患，我会用实际行动争取大家原谅的！"

老人看着周处诚恳的样子，摸着胡子欣慰地笑了。

第二天一大早，周处就带着自己的刀和弓箭，去往南山寻找白虎。他在茂密的林子里边走边看，过了好久，突然听到一声虎啸，树叶都被震得纷纷落下来。周处顺着虎啸声一路追踪，最终，一头白虎出现在他视线里。

少年英才

周处不禁倒吸一口冷气——这只畜生的个头可真大啊！别说那锋利的爪子和牙了，光是扑过来的分量，目测就足以压死一两个人。周处心知不能只凭力气去硬拼，于是，他先远远地跟在白虎的身后，趁白虎不注意，举起弓箭，瞄准后松手……

这支箭不偏不倚，正射中白虎后颈，白虎疼得发出一声惊天动地的嘶吼，随后向着周处藏身的方向猛地扑过去。周处见一箭得手，便猛地跃出草丛，举着刀迎向白虎。一人一虎缠斗在一起，白虎虽然受了伤，但是它的攻击力还是很惊人的，周处只能尽量与它周旋，消耗白虎的精力，等待机会给它致命一击。果然如周处所料，白虎全力攻击了好几下之后，体力开始渐渐不支，受伤的部位不断涌出血来。最终，周处瞅准一个机会，一刀砍在老虎的头上。

白虎就这样倒下去，为祸乡里的第一害终于不复存在。周处的第一个承诺实现了。

他稍稍休整一会儿，随即奔向第二个目标：长桥下的蛟龙。

蛟龙和白虎有些不同，它潜藏在河道下面的深水中，轻易不出现，一旦现身，必是要搅得船翻人亡的。周处等不得蛟龙出现，也不能冒着它伤害渔民的危险，便干脆纵身跳进深深的河水里，凭着自己的好水性仔细寻找蛟龙，

了不起的中国历史人物

少年英才

要与它在水中一较高低。功夫不负有心人，周处真的找到了蛟龙。他二话不说，就与蛟龙战到一处。

那只蛟龙着实厉害，它身量巨大，甩动起身体能掀起滔天的巨浪。远远望去，周处被包围在一片水幕中，非常凶险。岸边的百姓焦急地观望着，只见周处载浮载沉，始终没有与蛟龙分出个胜负来。直到天色暗下来，就再也看不到他的人影了。人们心中一直打鼓，不知道周处是否能真的杀死蛟龙。这一仗，真是凶多吉少。

第二天一大早，人们发现周处还是不见踪影，但昨晚翻腾了一宿的河水已经平静下来。大家觉得一定是蛟龙落败了，但是周处想必也没有捞到什么好处，说不准两败俱伤，人和蛟龙都没能活下来。这一下子，三害直接除去两个，加上周处已经杀掉的白虎，义兴附近的三害全部除净。人们高兴地奔走相告，纷纷庆幸终于可以过上太平日子了。

谁知，正在大家喜气洋洋地庆祝时，河岸边一个湿漉漉的身影站了起来。没错，这正是周处。乡亲们望着这"死而复生"的人，刚刚的喜气都变成了惊恐，纷纷小声哀叹着："完了，最大的祸害可又回来了！"

周处本以为自己除掉两大祸患，乡亲们会十分感激自己，并热烈地欢迎自己。可谁知道，自己的出现竟然让人们噤若寒蝉。他感到心酸又懊悔，心酸的是自己辛苦一场

却得不到乡亲们的理解和原谅，懊悔的是自己平日里作恶太多，竟然把大家吓成了这样。

他环视着周围的人们，突然发现那位昨日到他家里点醒他的老人。老人分开众人，一路走到周处的面前，迎着他有些委屈的目光，开口说道："义兴的三害，已经除去了两个。最后这一害，只要你能下定决心，痛改前非，一定也能除掉，到时候还怕乡亲们不肯原谅你吗？"

周处只觉得心中豁然开朗。是啊，只要自己真的能够拿出实际行动，洗心革面，天长日久，人们总会知道自己发生了怎样的转变，也会重新接纳自己的！

从此，周处就像变了一个人一样。他告别了游手好闲的日子，专程去拜访名闻天下的学问家陆机、陆云兄弟，向他们求教如何才能成为一个有用的人。陆氏兄弟听完周处讲述了他杀死白虎、蛟龙的过程，也知道面前这个年纪不大的孩子被当地百姓避若蛇蝎，见他真的有悔过之心，便告诉他说："你如果真的想要改过自新，成为一个有用的人，那么就去读书吧。书能够教会你为人处世的大道理和智慧，会让你变得受大家喜欢的。"

周处听了陆氏兄弟的话，开始专心读书。他从练字开始，一字一句地体会书中教授的道理，处处以书中的标准严格要求、约束自己。乡亲们看到周处的转变，一开始都

少年英才

十分惊讶,还将信将疑的,但是,随着日子慢慢地过去,人们发现他真的再也没有为祸乡里。乡亲们都很高兴,义兴的第三害终于彻底除去,以后大家可以过上真正的好日子了!

以身殉国

吴国被西晋攻灭后,周处前往洛阳为官,成了一个文武兼修的栋梁之材。

担任新平太守时,他平定了当地的外族叛乱;担任广汉太守时,他解决了很多悬而未决的案子,成了百姓交口称赞的父母官;出任楚国散骑常侍时,他先到楚地,敦促乡民把那些露在野外没人认领的尸骸白骨安葬;担任御史中丞时,他清正不阿,刚直自守,不论是宠臣还是皇亲,只要犯错,便直言弹劾,因此得罪了很多人。

后来,朝中被他得罪过的大臣联合起来,提议让他随军西征。当时的伏波将军孙秀料到他会战死,便劝他说:"你家有老母,完全可以凭这个理由推辞啊。"周处说:"自古忠孝不能两全,如今既已身为臣子,便要为君分忧,今天便是我献身国家的时机了。"

不久之后,梁王司马肜(róng)被任命为征西大将军,

了不起的中国历史人物

都督关中诸军事，他跟周处有过节，一早就想要陷害周处。周处心中也明白，但他认为做人臣的应当尽节，不应该推辞畏惧，便抱着必死之心出发了。

当时，贼兵有七万人，而司马肜只给了周处五千人马。周处说："我军没有后援，必定失败，不仅自身灭亡，也是国家的耻辱。"中书令陈准也知道司马肜有心除掉周处，上书道："梁王司马肜是贵戚，不是将帅之才，他进兵不求功名，撤退也不怕责罚。而周处是吴国人，他忠勇果敢，若让人带一万精兵做他的前锋，必定能歼灭敌寇，可如果让周处当先锋，又没有救援的话，周处必将丧身。"

然而，朝廷并没有同意，周处自知此去必败，留下一句"去去世事已，策马观西戎。藜藿甘粱黍，期之克令终"，便出发了。

周处率军与敌人从早晨厮杀到日暮，杀敌万余人，弓箭都用尽了，可迟迟没有援军前来。手下将士劝他撤退，周处却说："这是我报效臣节，献出生命的时刻，为何要撤退？"说完继续全力作战，以身殉国，被追赠为"平西将军"。

/古文链接

世说新语·自新·游侠戴渊

戴渊少时，游侠不治行检，尝在江淮间攻掠商旅。陆机赴假还洛，辎重甚盛，渊使少年掠劫。渊在岸上，据胡床指麾左右，皆得其宜。渊既神姿峰颖，虽处鄙事，神气犹异。机于船屋上遥谓之曰："卿才如此，亦复作劫邪？"渊便泣涕，投剑归机。辞厉非常，机弥重之，定交，作笔荐焉。过江，仕至征西将军。

《世说新语》是南朝宋时文学家刘义庆召集门客共同编纂的一部文言志人小说集，其中的第十五章名为《自新》，其中记载了两则关于自觉改过、重新做人的故事，其中一则为《周处自新》，另一则便是《游侠戴渊》。

译文： 戴渊年轻时好交游，为人豪爽，却不注重品行，曾在长江、淮河一带劫掠过往商人、游客。陆机销假赴职，准备返回洛阳，携带了很多行李物品，戴渊便指使一些少年去抢劫。当时，戴渊在岸上，坐在椅子上指挥手下行动，安排得面面俱到。戴渊风度翩翩、神采出众，即使干这种偷鸡摸狗的事情，也显得卓尔不凡。陆机在船舱里，隔着很远对他说："你有这样的才能，为什么还要当强盗呢？"戴渊听罢痛哭流涕，随即丢掉佩剑，归附了陆机。戴渊言辞犀利，非同一般，陆机越发器重他，两人结为好友，陆机还写信推荐他做官。渡江以后，戴渊官至征西将军。

吉 拚

姓名 / 吉翂（fēn）

朝代（时期）/ 南朝

出生地 / 冯翊（yì）莲勺（今陕西渭南）

出生时间 / 不详

逝世时间 / 不详

主要成就 / 勇击登闻鼓，舍生救父

吉翂是南朝时期的梁朝人，自幼与众不同，极有孝心。他的父亲担任县令期间，廉洁奉公，从不阿谀奉承，因此遭到陷害，以莫须有的罪名，含冤入狱，被判了死刑。年仅十五岁的吉翂为了洗刷父亲的冤屈，独闯京城，舍生上告，使得冤案重审，父亲被无罪释放。

壹 出生于南朝时期，自幼聪明伶俐，践行孝道。

贰 父亲被人陷害入狱，当街替父喊冤。

叁 远赴京城，击登闻鼓，祈求代父受死。

肆 还父亲清白，成为孝子典范。

伍 拒绝保荐、表彰，后被召为官，清正廉明。

自幼仁孝

吉翂，字彦霄，出生于南朝时期的梁朝，他的家族世代居住在襄阳。吉翂聪明伶俐，很小便开始读书，懂得许多做人的道理，每次与人对答都令人叹服。他以书中的圣贤之道要求自己，行为举止得体，也十分注重孝义之道。

吉翂十一岁时，母亲得了重病。吉翂作为家中最大的孩子，毫不犹豫地担负起了照料家人的重担。他一边衣不解带地服侍母亲，随时听候她的需要，一边照顾着几个幼小的弟弟，将家中的事务料理得井井有条。就这样，过了一段时间，母亲还是病重不治，离开了人世。吉翂悲伤不已，几次痛哭到昏死过去，好几天吃不下饭，甚至连一口水都不喝。亲朋好友们将这一切都看在眼里，纷纷感叹说，吉翂真是个孝顺懂事的孩子，日后一定会成为一个值得尊敬的人。

少年英才

替父喊冤

吉翂十五岁那年,家里又出了事情。

原来,吉翂的父亲被朝廷任命为吴兴郡原乡县令,他就带着全家人一起迁居到那里。吉父是个刚正不阿的廉吏,他只心心念念为百姓办事,对官场盛行的往来之道根本不屑一顾,因此得罪了不少人。这些人怀恨在心,竟然想出栽赃诬陷吉父的法子来。他们互相勾结,集体向朝廷上书奏报。结果,吉父不仅被解职调查,还要被押解到京城建康(今江苏南京)的大狱受审。

得知这个消息后,弟弟们都失声痛哭,少年老成的吉翂在这种情况下,一时也没了主意。无奈之下,他想起曾

经听说过的没有办法中的办法：拦路喊冤。

吉翂冲到最热闹的集市中心，跪在路边，大声哭起来。这条路来往的尽是达官贵人，吉翂每看到一架车轿从面前经过，就边哭边扑上前去喊冤，希望路过的大官们能为父亲伸张正义，洗雪冤情。可令人寒心的是，这些大官们丝毫不为吉翂的哭喊动容，凡是被他拦住的官员都毫不迟疑地选择离开。

路过的人们听着吉翂哭诉父亲的遭遇，对他十分同情。但是在那个年代，一介平民百姓，纵使真的身负奇冤，若是没有人愿意为你向更高一层的官员禀告申诉，那么就真的会百口莫辩！人们只能纷纷叹息着劝慰吉翂，让他还是不要认死理，民不与官斗，还是认了吧。

然而，吉翂心想，父亲没有干任何贪赃枉法的事，明明是被人陷害的，为什么就不能求得一个公道呢！他不顾人们热心的劝阻，就这样久久地跪在路边，拦住一顶轿子没有结果，就再拦一顶，他锲而不舍，不愿放弃。

击登闻鼓

此时，路边一个一直沉默着的文人模样的先生站了出来。他走近吉翂，郑重地问他道："小兄弟，你家这桩案子，

少年英才

不是一般的手段能够重审重查的,要想救你父亲,你得有天大的胆子,可能还要吃天大的苦,你敢吗?"

吉翂跪在路边这大半天,只觉得心越来越沉。虽然他不曾放弃,可眼看着也没有办法。此时,这个文士的话仿佛送给他一根救命稻草。吉翂忙点着头,一连声地说:"先生可有方法救我父亲?无论吃什么苦我都愿意!"

"我的这个法子说难也不难,"文士一字字地说道,"你可曾听说过,在京城的朝堂前有一面大鼓,叫作'登闻鼓'?"

吉翂迷茫地摇摇头。对于官场衙门的事情,他是从来没有仔细了解过的。

于是,文士继续说:"这登闻鼓本来是皇帝为了听取百姓治理国家的意见,或让百姓有冤可诉而设立的。登闻鼓响,皇帝就要登堂听审。无论你上告的是什么案子,皇帝都会过问。"

吉翂一听这话,心中马上升起希望。能让皇帝知道案情,父亲就有救了!可是他转念一想,这位先生说得如此严重,这登闻鼓恐怕不是那么好敲的。

文士看到吉翂的表情变化,知道他必定想起了自己先前的话,于是点点头说道:"你想的没错。敲登闻鼓,意味着你的案子要被大理寺审理。以民告官,先不说有无冤屈,

光是到那儿，就得吃够苦头，保不准还有大刑伺候。何况是皇帝亲审，若是你父亲的案子真的能查清还好说，一旦查出来有一丁点说不清的地方，你这就是欺君，是要杀头的。所以，虽然登闻鼓就摆在那里，但是真敢去敲的人少之又少。"

吉翂听了文士的一席话，毅然决然地说："无论会遇到多大的困难，我都能克服。我这就动身去京城！"他起身向文士道了谢，回到家中将两个弟弟交托给亲友，然后就独自上路了。

从原乡到京城建康，这一路，对一个十五岁的孩子来说，该有多漫长！吉翂心焦如焚，害怕晚到一天就赶不及救下父亲。于是他日夜不停地赶路。饿了渴了，吃几口带着的干粮；晚上找不到地方住宿，就随便找个破庙容身，每天天不亮就开始奔波；一步一步，他的鞋子磨坏了，就光着一双脚；到后来，脚都被磨得血肉模糊。然而，所有的困难都没有把吉翂打倒，这一天，他终于站在了京城建康的城门之下。

吉翂到了建康，第一件事就是去打听父亲案件的进展。这一听之下，让他备受打击。原来，虽然父亲为官清白，但是审讯过程中那些官员们相互勾结，给他施加了严酷的刑罚。父亲抵受不过，只好画押认罪了，此时已经被判了

少年英才

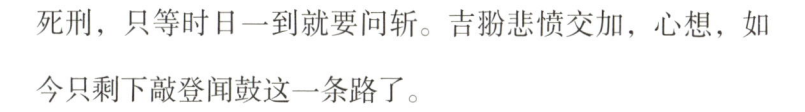

死刑，只等时日一到就要问斩。吉翂悲愤交加，心想，如今只剩下敲登闻鼓这一条路了。

第二天一大早，满建康城的百姓都听到一声声响彻天地的鼓声。竟然是登闻鼓响了！大家都觉得很惊奇，于是纷纷奔走相告，一窝蜂地涌到大理寺门口看热闹。

只见登闻鼓前直挺挺地站立着一个身量还不及成年的孩子。对他来说，这面鼓大得出奇。这个孩子正是吉翂，他两眼通红，双手攥住鼓槌，抡圆胳膊，一下下铆足劲敲打在鼓面上，仿佛要把所有的冤屈都发泄在这登闻鼓上。

人们一边看着他,一边窃窃私语,都在猜测他到底是为什么要冒如此大的风险击鼓鸣冤。

代父受死

登闻鼓响,惊动了梁武帝。他立即命人前去查看是什么人在击鼓。听说是个小孩子后,梁武帝感到特别惊奇,马上让人将吉翂带来,要亲自审问。

吉翂被带进皇宫,诚惶诚恐地在皇帝面前跪了下来。梁武帝打量着他,果然看上去还略带稚气,可他的举止颇有法度。他心道:以这个孩子的行为来看,敲登闻鼓应该不是在胡闹。那就听听看,他有什么要说的吧。

于是,梁武帝开始询问吉翂的来意。吉翂一听皇帝问话,想到父亲含冤莫白,自己求告无门,顿时觉得满腹辛酸。他强压下自己的泪水,一边哽咽,一边向皇帝详细讲述父亲遭人陷害,屈打成招,不日即将问斩的过程。吉翂越说越悲愤,最后扑跪在下首,直言若父亲的罪名不能洗刷,那么自己情愿代父一死。

梁武帝听了吉翂的话,心中十分诧异。他边听边思考着:这个孩子小小年纪就知道敲登闻鼓为父申冤,这样的胆气和见识,肯定不是一般人能够办到的。现在看他讲话

少年英才

这样有条理,先是申诉冤情,再是代父求死,怎么看也不像是一个孩子能想到的办法。莫不是背后有人怂恿?若是如此,那就是妄图欺瞒皇帝了,这可是大罪!

梁武帝越想越心惊,于是叫来专管律法的官员廷尉蔡法度,对他说道:"吉翂愿意以自己代替父亲赴死,是个孝顺的孩子。只是他的主意太大了,朕怀疑这中间有些蹊跷,说不定是什么人教唆他来的。你去仔细查查这个案件,务必要查清事实。如果真有人在背后指使,那么不必客气,可以从重处罚。"

蔡法度领了皇帝的旨意,开始清查吉翂告状的案件。他回到衙署,在公堂上摆满绳索刑具,拉开架势对着堂下的吉翂厉声喝问:"你说愿意替父亲去死,皇上允许了,你已经没有几天好活的。你还是个孩子,正是大好年华,为什么非要如此呢?"

吉翂悲痛地回答说:"虽然我年纪还小,但也知道死的可怕,怎么会一心求死呢?但是我父亲蒙受冤屈,无法昭雪,而家中的弟弟们都还年幼,我怎么能忍心看着父亲被处死,弟弟们就此无依无靠呢?我只有替父亲一死这唯一的办法了。"

蔡法度皱着眉头,继续质问吉翂:"你年纪轻轻,是怎么想出这个代父求死的主意的?背后是不是有人指使?你

不如把那人姓甚名谁说来吧。若是被人指使，或许还能留下你一条性命。"

吉翂在堂下拜了一拜，流下泪来。他哭着对蔡法度说："大人，性命是我自己的，我怎么会不珍惜呢？实在是除此之外别无他法，这就是我自己的主意。皇帝能够恩准我替父亲去死，已经是再好不过的结果了。我没什么好反悔的。"

蔡法度知道吉翂已经下定决心，只好放他回到监牢中。他心中对吉翂这个孝义的孩子有几分好感，看到他身体单薄却戴着给成人准备的大号枷锁有些不忍，便让狱吏给吉翂换一副小的。谁知，吉翂面对这样的好意，却说："我自愿代父一死，现在是一名死囚。即将被处以极刑的人从来只有加重刑具的，怎么能减轻呢？就请让我戴着这些吧。"狱吏没有办法，只好继续给他戴着枷锁。

蔡法度把审理吉翂的情况全部上报给梁武帝，同时，也查清了吉翂的父亲其实是个清廉的好官，他的确是被人陷害的。梁武帝看过蔡法度的奏报，被吉翂的行为所感动，于是立即释放了他们父子，让他们回乡，一家团聚。

少年英才

拒绝保荐

吉翂为父申冤的事情很快传扬开来，他成了远近闻名的孝子典范。那时，朝廷为了表彰民间的善行，每年都会让官员奏报一些优秀的人物，给予封号，以示嘉奖。一个叫王志的官员听说了吉翂的事迹，觉得他可以作为"孝子"的代表被朝廷表彰，于是准备联合几位名人一起保举他。

吉翂听说后，立即对王志说："王大人，您是看不起我吗！父亲蒙冤，作为儿女替死本是分内之事，我不过是做了应该做的。假如因此接受举荐和嘉奖，我做的一切就成了沽名钓誉，那么这个称号不就成为莫大的耻辱了吗！"

就这样，吉翂拒绝了王志的保荐，继续过着自己平民百姓的日子。

十七岁时，他被征召为本州的主簿，成了万年县的代理县令。他和他父亲一样，为官清正廉明，处处为百姓着想，以教化感动百姓，使得当地仁义之风盛行。吉翂的德行被当地人竞相传颂，大家都称赞他是一名难得的好官。

知识链接

登闻鼓

登闻鼓,中国封建社会于朝堂外设置的大鼓,有冤情或有急案者可击鼓上报,是中国古代重要的直诉方式之一。

相传,在尧舜时期就有"敢谏之鼓",不论何人,均可通过击鼓申诉冤情或直言谏诤。

《周礼·夏官·大仆》中有记载:"建路鼓于大寝之门外而掌其政,以待达穷者遽令,闻鼓声,则速逆御仆与御庶子。"就是说,周朝时,朝廷在路门之外设置大鼓,称为"路鼓",由太仆主管,御仆守护,若有击鼓申冤者,御仆必须迅速报告太仆,太仆再报告周王,不得延误。"路鼓"就是后来的"登闻鼓"。

登闻鼓源于魏晋南北朝时期,《晋书·武帝纪》中有"伐登闻鼓"的记载,《魏书·刑罚志》中有"阙左悬登闻鼓,人有穷冤则挝(zhuā)鼓,公车上表其奏"的记载,《晋书·卫瓘传》中也有"于是繇等执黄幡,挝登闻鼓"的记载。

魏晋之后,历朝都设有登闻鼓,但在不同的历史时期,其作用、重要性也不尽相同。

宋朝以前,普通民众不仅可以通过击鼓鸣冤,还可以借此向朝廷建言献策,或对朝政提出异议等。而且凡登闻鼓响,皇帝就必须亲自受理,若有官员从中阻拦,便一律重判,所以北宋宋太宗在位时还曾处理过民众丢猪这类事件。

宋朝以后，击登闻鼓的条件日趋苛刻，甚至到清朝时，凡击登闻鼓者，要先廷杖三十，以防止无端刁民的恶意上访。至此，登闻鼓其实已经形同虚设了。

总体来说，登闻鼓的设立加强了上级司法机关对下级司法机关的检查监督，使民间与最高权力有了一定的连接，为社会正义的伸张带来了希望。

沈约

姓名／沈约

朝代（时期）／南朝

出生地／吴兴武康（今浙江德清）

出生时间／公元441年

逝世时间／公元513年

主要成就／著名史学家、文学家，著有《宋书》《晋书》等

沈约，字休文，南朝史学家、文学家。他少时家境贫寒，但笃志好学，昼夜手不释卷，最终博通群书，学有所成。长大后，他步入官场，封侯拜相，成了南朝的文坛领袖，著有《晋书》《宋书》等，但大多已经散失。

壹 生于南朝门阀士族家庭，天生异相。

贰 家道中落，流离失所，不忘刻苦读书。

叁 学有所成，步入仕途，颇受重用，官居高位。

肆 力主萧衍称帝，成为南朝梁的开国功臣。

伍 永明体的代表诗人，"竟陵八友"之一。

笃志好学

沈约出生于南朝宋时的一个门阀士族家庭，他的祖父沈林子是征虏将军，父亲沈璞是淮南太守，我国历史上曾经有一句话叫作"江东之豪，莫强沈周"，这句话中的"沈"指的就是沈约的家族。

沈约出生贵胄，且天生异相，他的左眼有两个瞳仁，腰上还有一大块胎记。按照我国古代相士的说法，带有这样特征的人长大后必定会大富大贵。因此，沈璞对儿子的期望颇高，他每天悉心教导沈约读书，希望他长大后能继承家业，大有作为。

然而，在沈约十三岁时，沈璞获罪被诛。家中的顶梁柱一下子坍塌了，沈约母子顿时失去了依傍。不但如此，他们还很有可能受到株连。情急之下，母亲连夜带着沈约逃出都城。他们一路隐藏形迹，扮作普通老百姓，运气好时能遇上好心人收留，运气不好时只能露宿在荒郊。

尽管如此，沈约依旧没有忘记读书，他手不释卷，不分昼夜。一天夜里，沈约母子俩好不容易投宿到一户农家，在冷得瑟瑟发抖的茅草屋里，母亲为沈约讲了几个故事：

战国时期有一位很有名的纵横家，名叫苏秦。苏秦年轻时决心发奋读书，一度到了废寝忘食的地步，但是人又

少年英才

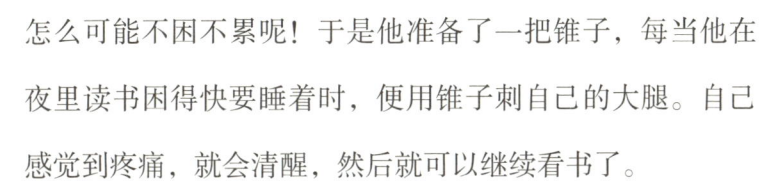

怎么可能不困不累呢！于是他准备了一把锥子，每当他在夜里读书困得快要睡着时，便用锥子刺自己的大腿。自己感觉到疼痛，就会清醒，然后就可以继续看书了。

西汉时期有个名叫匡衡的人，他小时候非常好学，很爱读书。可是，他家境贫寒，没有多余的钱买灯油。因此，天一黑下来，他就没办法继续看书了。匡衡觉得这样会浪费宝贵的学习时间，于是，他想出一个法子——在自己家的墙壁上凿出一个小洞，借着隔壁邻居家照过来的一点灯光读书。匡衡就这样如饥似渴地学习，长大后终于成了一位有名的学者，还当上了丞相。

了不起的中国历史人物

东汉时期有一个叫孙敬的政治家，他把自己的头发扎起来，吊在房梁上，只要自己晚上读书的时候一犯困，头一沉，头发就会被揪一下，这样自己就不会打瞌睡了。

东晋时期，有一个小孩儿叫作车胤，他的曾祖父曾经是个大官，但是后来被皇帝处死了，于是车胤的家境就一落千丈。他为了重新振兴家族，拼命读书，但是碰到了与匡衡一样的问题，就是到了晚上，没有照明，没法读书。车胤看到萤火虫会发光，就去抓了很多萤火虫，把它们全都装在一个布袋子里，借着许多萤火虫一起发出的光在夜

少年英才

里看书。后来,车胤果然没有辜负这份努力,成了很有名的大学问家,也实现了愿望。

跟车胤同时代的还有一个叫作孙康的人,他也想出一个夜晚读书的办法,就是趁着冬天雪地里映出的白光,不惧寒冷,在雪地中读书。他长大后,也成了很有学问的人。

讲完故事,母亲抚摸着沈约的头,一字一句地对他说:"苏秦、匡衡、孙敬、车胤、孙康,他们每一个人都经历过清苦贫寒的日子,但是谁都没有放弃读书,而是心存高远,意志坚定。尤其是车胤,他和如今的你一样,都经历过家族由盛而衰的变故,但是他凭自己的刻苦从头再来,最终取得了成功。孩子,你知道要怎么做了吗?"

沈约明白母亲的用心,他坚定地对母亲说:"母亲,从今以后,我一定更加用功念书,以后做一个有出息的人。"

后来,朝廷大赦天下,沈约母子终于不用再躲躲藏藏了,但经此浩劫,沈家已经没落,再也没有了当初的风光,母子俩受尽了冷眼,日子过得十分艰难。

一天,沈约从集市上背了一袋米回家,路上遇到几个家中的远房亲戚。这些人当初都跟在沈约身边,对他唯命是从,如今看到他这副光景,纷纷凑上来嘲笑他。

沈约不堪忍受这些人的羞辱,把米扔在地上就跑回了家。母亲看到他又气又怒的样子,便向他询问缘由。沈约

了不起的中国历史人物

愤愤地把发生的事情讲了一遍，甚至还委屈地哭起来。

母亲安慰他说："穷没有什么大不了的，也不是不能改变的。重要的是，只要我们有志气，发奋努力，总有一天会摆脱这样窘迫的处境。"

沈约擦了擦眼泪，把母亲的话都记在心里。

从此以后，沈约读书更加用功。他买不起书，就向别人去借。附近的邻居被他借遍了，他就跑到更远的地方去。

少年英才

沈约借书都是看完一本换一本。为了能尽量多读一些，他看起书来不分昼夜。母亲担心他这样下去会熬坏身体，就劝说他要早些休息。沈约表面上答应，可实际上还是每天坚持读到深夜。

母亲知道沈约并没有按时睡觉，就想出一个不是办法的办法。她把沈约屋中的灯油倒出来一些，这样，晚上灯油烧尽，也就没了光源，沈约就是想读也读不成了。

沈约心知这是母亲的好意，他不忍心让她的心思白费，便顺着母亲的做法给自己定下一个与众不同的学习方法。每天"油尽灯枯"之后，沈约都乖乖地收拾书本躺下，但是他并没有如常人所想的那样直接睡下，而是不断地在脑海中复述书上刚刚看过的内容，加深印象。长此以往，沈约默背下很多文章，这为他日后做文章产生了很大影响。

为官生涯

功夫不负有心人，沈约刻苦攻读也终有所成。长大后，沈约不但写得一手好文章，还精通史学，受到了济阳蔡兴宗的赏识，沈约由此步入仕途。

齐朝初年，文惠太子萧长懋（mào）入主东宫，沈约被任命为步兵校尉，主管文书记载，在永福省（官署名，为

皇子受学之所）值班，校订四部图书。当时，东宫人才济济，但沈约尤其受到赏识与青睐，每次他去永福省值班，面见太子，两人总是聊到太阳落山才结束。

当时，王侯到东宫参见太子，得不到允许便不能进去。沈约经常因为这件事向太子进言。太子却说："我向来懒惰，很晚才起床，这你是知道的，和你交谈讨论后，又常常忘记睡觉。如果你想要我早点起床的话，以后可以早些进宫中来。"于是提拔沈约为太子家令。

后来，沈约的官越做越大，中书郎、黄门侍郎、尚书左丞、车骑长史、辅国将军、国子祭酒……可谓地位显赫。

公元501年，萧衍起兵攻占建康城，任命沈约为骠骑司马。当时萧衍功业已成，天意人愿都归属于他，可萧衍迟迟不愿称帝。沈约曾试探性地给萧衍提议，萧衍却没有作声。

而后，沈约时常进言，他说："如今天下妇孺皆知齐朝的天下要完了，所有人都觉得天下应当归您主宰。天象和人事都表现出改朝换代的迹象，就像写在白纸上的黑字一样明白清楚。上天的意志不能违背，民众的心情不能不顾及。如果是天命决定了的，即便您想谦让推脱，也是不可能的。"

他还说："您最初带兵起义时就应该考虑清楚，现在帝

少年英才

王大业已完成,何必再思考呢?"

萧衍终于认同了沈约的看法。沈约离开后,萧衍召见了名士范云,并告诉了他沈约的意思,范云的回答也和沈约的观点基本一致。之后,萧衍正式称帝,即为梁武帝,沈约也成了公认的南朝梁的开国功臣,位极人臣。萧衍还封沈约的母亲谢氏为建昌国太夫人,谢氏去世时,萧衍还亲临吊唁。

公元513年,沈约于任上去世,终年七十三岁。原本谥号为"文",梁武帝却说沈约的才情还没完全显露出来,应该用"隐"字,于是改谥号为"隐"。

知识链接

永明体

永明体,一种出现于中国南朝齐武帝永明年间的诗风,又称"新体诗"。

在永明体之前,诗坛上流行的是"古体诗",古体诗句数不限,有四言、五言、六言、七言、杂言等,不求对仗,平仄和用韵也比较自由。唐朝时期出现了句数、字数、平仄、用韵等都有严格规定的律诗和绝句,称为"近体诗",其雏形就是新体诗,即永明体。

永明体以"四声八病"这一声律要求为基础,以强调声韵格律为主要特征,对于纠正魏晋以来文人诗语言过于艰涩的弊病,使文人诗的创作转向清新通畅起了一定的作用,同时也为近体诗的产生和发展奠定了基础。

永明体的代表诗人主要包括南朝齐竟陵王萧子良门下的八位文学家:谢朓、沈约、王融、萧衍、萧琛、范云、任昉、陆倕,合称"竟陵八友"。

四声八病: 齐梁时期发现并运用于诗歌创作的声律要求。南朝文学家周颙发现汉字有平、上、去、入四种声调,即"四声",而沈约在此基础上,结合双声叠韵的特点,又提出了五言诗创作中应该避免的八种弊病,称为"八病"。

/作品欣赏

夜夜曲

河汉纵且横,北斗横复直。

星汉空如此,宁知心有忆?

孤灯暧不明,寒机晓犹织。

零泪向谁道,鸡鸣徒叹息。

译文:银河川流不息,星斗移动不止,时间一刻不停。它们都在不知疲倦地、徒然地流转着,怎么会知道我心中在想什么?空房之内,一盏孤灯半明不灭,发出黯淡的微光,这寒夜漫漫,我该如何度过呢?只好踏起织机,织起布来。我泪流不止,可又能向谁诉说呢?只能听着鸡鸣声,发出一声声的叹息。

宗悫

姓名 / 宗悫（què）

朝代（时期）/ 南朝

出生地 / 南阳涅阳（今河南邓州）

出生时间 / 不详

逝世时间 / 公元 465 年

主要成就 / 少年从军，数次平定叛乱，屡立战功，后来成了有名的将领

宗悫，字元干，南北朝时期南朝宋的著名将领。宗悫自小志向远大，以"愿乘长风，破万里浪"自勉。他少年从军，多次率军平定叛乱，战功累累，后来终于成了一位赫赫有名的将军。

壹 生于南朝书香家族，自幼志向远大，文武兼修。

贰 十四岁时力克强盗，声名大噪。

叁 应征入伍，杀敌英勇，不到二十岁便成为将军。

肆 多次率军平叛，立下汗马功劳。

伍 因病逝世，被追赠征西将军，谥号肃侯，配享太庙。

乘风破浪

宗悫出生于南北朝时期南朝宋的一个大家族，叔父宗炳是有名的书画家，也是很有学问的学者，非常受人尊敬。

宗炳生性自由不羁，对大多数文人士子所向往的官场并没有好感，对官场中的相互倾轧更是十分不屑。虽然不断有人招揽宗炳做官，但他完全不为所动，只钟情于在家写字作画，与三五好友饮酒下棋的惬意生活。受宗炳的影响，宗氏家族中的不少子弟都同他一样爱好习文，很多人都以做学问为自己的人生理想。

宗悫自小聪明伶俐，学东西一点就通，在家中的一群孩子里出类拔萃，因此，宗炳特别喜爱这个小侄子。他亲自教导宗悫读书，给他答疑解惑，希望有朝一日侄子能和他一样，成为一个隐居世外的饱学之士。

但出人意料的是，宗悫除了念书很刻苦，对弹琴下棋等风雅之事并没有多少兴趣。相反，他对舞刀弄枪十分着迷，每天上完课就跑到院子里研究习练，一招一式，练得非常认真。

宗悫的"不务正业"让宗炳大为恼火。宗炳几次三番地教育宗悫要专心习文，却都被当成了耳旁风，宗悫还是我行我素地沉迷在练习武艺里。一天，宗炳打算去书房考较

少年英才

宗悫的功课，一进门却发现书房里早没了宗悫的身影。他心知宗悫一定又去跟棍棒打交道了，就走到宗悫平时练习武艺的院子里。果不其然，宗悫正在兴致勃勃地演练棍棒套路呢！

见此情形，宗炳的脸登时就沉了下来。他严厉地喝止宗悫，痛心地问他："小小年纪，不用心念书，整天与这些刀枪棍棒打交道，你长大之后想要做什么呢？"

没想到，宗悫望着叔父，高高昂起头，信心十足地说："愿乘长风，破万里浪！"

宗炳被宗悫的回答震惊了，他没想到这个稚子幼童居然可以说出如此豪言壮语，而这个志向实在是非常高远。

他心中不由地暗暗称赞，想道："这个孩子不是一般童子可比，好好教导的话，将来一定会有一番作为的。"

从此以后，宗炳不再制止宗悫习武，而是更用心地培养他，让他在文武两道都逐日精进。宗悫没有辜负叔父的期望，读书、练武都加倍勤奋。到了十四五岁的时候，他不但饱读诗书，而且武艺也十分高强。

勇逐强盗

宗悫十四岁这一年，他的哥哥娶亲，全家人都欢天喜地的。娶亲当日，除了家中的亲人，不少乡邻也都来观礼，场面非常热闹。谁知，就在人群中，潜藏着一伙常常打家劫舍的强盗。

原来，宗悫新进门的嫂嫂出身富户，陪送的嫁妆中绫罗绸缎、珠宝首饰应有尽有，装了好几车，走在路上浩浩荡荡的，加上宗家本身家境殷实，婚礼办得相当盛大，这便吸引了这伙贼人。他们混在看热闹的人群里，白天在宗家进进出出，研究透地形和出入路线，打算等天色暗下来便动手。

但是，这伙强盗没有想到的是，他们的形迹被宗悫发现了。宗悫在帮助家人招待客人时，留心到有几个人的举

少年英才

动不同寻常，好像是在四处观察着什么，感觉不像是单纯看热闹的。当时婚礼正进行到高潮，宗悫没有把自己的发现大肆宣扬出去，而是暗中留意着这几个人。时间一分一秒地过去，婚礼圆满地结束，宗悫也回到自己的房间。但是，他并没有放松警惕。回想着白天那几个人的行为，他还是把自己日常练武惯用的大刀拿到了房间里，以备不时之需。

夜逐渐深了。忽然，自家院子里传来几声轻微的响声，像是有人翻墙落地。宗悫激灵一下，心想果不其然，自己预想的事情还是发生了。他毫不犹豫地起身抄起手边的大刀，推开门就迅速冲了出去，同时对着院中的强盗大喝一

声道:"什么人?半夜闯进我家想干什么?"

强盗们没有想到会遇上这样的突发状况。他们见宗悫手握大刀,以为宗家人早有准备,已经设好了埋伏,等着抓他们呢,一时间乱了方寸,几个没什么经验的强盗马上夺路而逃。剩下几个领头的定了定神,往院子中一看,发现只有一个少年。于是,他们胆子便又大了起来,举着手中的刀向宗悫迎面砍过去。

宗悫面对来势汹汹的强盗,一点都没有慌乱。他一边大声呼喊:"有强盗,快来人!"一边不慌不忙地抬手用刀劈倒面前扑来的一名强盗,顺势又将另一个强盗踹翻在地,与几个人周旋起来。强盗们万万没想到,一个小孩子竟然会有这么高的武艺,又惊又怕之下被宗悫打得人仰马翻。他们纷纷想往外跑,却被听到宗悫报警的宗家人和左邻右舍围堵住。大家一起动手,七手八脚地把强盗们都绑了,扭送去了官府。

讨伐叛乱

宗悫斗强盗的事让他声名大噪,人们都知道宗家有这样一位英勇机智的小英雄。不久,宗悫的事迹传到江夏王刘义恭那里。他对身边的幕僚们说:"小小年纪就有这样的

少年英才

勇气和胆识，真是不得了，以后是做将军的好材料。"于是，江夏王把宗悫请到自己的府中。他看着这个英气勃勃的少年，心中十分喜欢。于是，江夏王就把他留在自己身边，给他封了一个军官的头衔。

从此，宗悫开始了行伍生涯。正如刘义恭所说的，宗悫天生就是做将军的材料，他在战场上作战勇猛，从不畏死。几年下来，宗悫参加了大大小小无数场战争，立下许多功劳，不到二十岁，就真的成为一名将军了。

当时，林邑王范阳迈发动叛乱，占据了一大片土地，大肆搜刮百姓，使得当地民不聊生，百姓叫苦不迭。后来宗悫接到圣旨，奉命去平叛。他带领部下将叛军的驻地团团围住，准备将他们一举歼灭。

林邑王是个老谋深算的人。他深知自己无论兵力还是武艺都赶不上宗悫，正面对决取胜的机会十分渺茫，只有智取这一条路。于是，林邑王召集手下的军师们集体出谋划策，几个人冥思苦想几天几夜，终于拿出一个办法。林邑王听了手下的计谋，登时得意地大笑起来，觉得自己这次胜券在握了。

林邑王按照军师们的建议，派人暗中购买了几百头大象。到了和宗悫交战的日子，他出其不意地放出大象，让人驱赶着它们直直地冲向宗悫的队伍。只见疯狂的象群甩

动着长鼻子，掀起遮天蔽日的尘土。巨大的象腿踏在地面上，顿时地动山摇。宗悫的兵士们面对这样疯狂的庞然大物，似乎要被踩成肉饼了。

可谁知，突然之间，战局发生了戏剧性的变化。本来正冲向前方的象群毫无预兆地乱起来，有的原地站住，有的直接原路返回，把叛军自己的队伍撞得七零八落，四散奔逃。

原来，象群冲到宗悫的阵前时，发现出现在自己面前的，居然是一只只张着血盆大口的狮子，这可是大象的死对头。这些隐藏在宗悫军队中的狮子们样子非常凶猛，刚刚还不可一世的象群被吓得不轻，连忙不要命地转头逃命。于是，叛军聪明反被聪明误，不但没有借助大象打垮宗悫的部队，反而让自己被冲得溃散了一大半。而宗悫率领军队乘胜追击，取得了一次漂亮的大胜仗。

林邑王吃了大亏，却百思不得其解，自己一点风声都没有收到，宗悫是从哪弄来那么多狮子的呢？他千方百计地抓到宗悫军中的一个俘虏。从俘虏口中这才得知，宗悫用来抵御大象的并不是真正的狮子，而是做好的模型。大象不懂分辨真伪，以为是真的狮子来了，自然会慌不择路地逃跑。

林邑王得知了事情的缘由，气得捶胸顿足，他的秘密

少年英才

武器就这样被破解，真是好不懊恼！

原来，宗悫在得知林邑王四处派人买大象时，就猜到了他的打算。他知道大象天性怕狮子，便马上召集能工巧匠，连夜赶制了这许多的狮子模型，一个个都制作得栩栩如生。果然，到了真正的战场上，这批模型起了关键作用，立下了大功。

这一战之后，叛军伤亡惨重，元气大伤，很快就被宗悫率兵逐一清剿，当地的百姓也终于脱离了被奴役的苦难生活。宗悫还将叛军搜刮来的金银财宝分发给他们，百姓们对宗悫千恩万谢，都在四处传颂他的恩德。

公元453年，太子刘劭发动政变，弑父篡位，自立为帝，史称"元凶之乱"。武陵王刘骏派宗悫前往讨伐，没多久就平定了此次叛乱。不久，刘骏继位称帝，史称宋孝武帝，宗悫也因为战功显赫，被封为洮阳县侯。

后来，宗悫又接连平定了南郡王刘义宣叛乱以及竟陵王刘诞叛乱，立下汗马功劳。

公元465年，宗悫病逝，被追赠征西将军，谥号肃侯，次年被配享太庙，祔祭于孝武帝庙庭。

宗悫自小立志"愿乘长风，破万里浪"，他身体力行，磨砺自身，最终达成了自己少时的梦想，"乘风破浪"也作为激励后世的典故被流传了下来。

古文链接

行路难·其一（节选）

行路难！行路难！多歧路，今安在？

长风破浪会有时，直挂云帆济沧海。

译文： 人生的道路何等艰难，何等艰难！眼前歧路纷杂，而我如今身在何地呢？我坚信乘风破浪的时机一定会到来，到那时，必将扬起征帆，远渡沧海。

滕王阁序（节选）

勃，三尺微命，一介书生。无路请缨，等终军之弱冠；有怀投笔，慕宗悫之长风。

译文： 我王勃，身份低微，只是一个书生，和终军的年龄相同，却没有请缨报国的机会。我有班固那样投笔从戎的远大志向，也羡慕宗悫那种"愿乘长风破万里浪"的英雄气概。

姓名 / 王寀（cǎi）

朝代（时期）/ 北宋

出生地 / 江州德安（今江西九江）

出生时间 / 公元 1078 年

逝世时间 / 公元 1118 年

主要成就 / 幼时曾被贼人掳走，凭借自己的聪明才智得以脱身，长大后成为当时著名文人，著有《南陔集》一卷

王棻，字辅道，一字道辅，号南陔，北宋著名文人，进士出身，出仕后历任校书郎、翰林学士、兵部侍郎等。他在文学方面造诣很深，著有《南陔集》一卷。

壹 生于北宋官宦之家，自幼善于思考，条理清晰。

贰 元宵观灯，被盗贼掳走。

叁 临危不乱，设法自救。

肆 入宫面见皇帝，言辞落落大方。

伍 智擒盗贼，平安回家。

元宵自救

　　王寀出生于北宋宋神宗时期的一个官宦之家，他的父亲王韶是当朝有名的军事将领，家中富庶殷实。王寀排行十三，是家中最小的孩子，于是家人给他取了个昵称叫十三郎。十三郎天生聪明可爱，自小就懂得思考，说话做事有条有理，十分讨人喜爱。家人非常宠爱他，平日里他有什么样的要求都百依百顺。

　　我国古代自唐朝开始，正月十五除了吃元宵之外，还有一项众人参与的热闹活动：赏花灯。到了宋神宗时期，元宵节看花灯已经成了过年期间人们最重要的娱乐之一。这一年的正月十五元宵佳节，赶上万民乐业的太平盛世。从正月十三日开始，人们就点起自家的花灯，照得夜晚亮如白昼，欢声笑语直达天明。到了十五的正日子，皇帝会亲自走出皇城，与百姓一起赏玩花灯，庆祝佳节，人们也会守候在路边，等待皇帝的到来，一睹圣颜，带给自己新一年的好运。

　　王韶一家也不例外。正月十五这天，全家老小都打扮

少年英才

得整整齐齐，一起上街来赏灯看景。十三郎这一年正是五岁，也跟在大人身后，由仆人王吉领着一起看灯。他长得玉雪可爱，穿着特别讲究，尤其是头上戴着的那顶帽子，缀满了黄豆大小的珍珠，正面还镶嵌着一粒宝石，转动起来流光溢彩，在人群中格外打眼。

王吉让十三郎骑在自己的肩膀上，驮着他走走停停。十三郎被琳琅满目的花灯迷了眼，看得心花怒放，一路指点着王吉走到宣德门前。说来也巧，神宗皇帝这时恰好也

到达此处，正下令准许百姓抬头瞻仰。王吉拥在人丛之中，心想这样得见天颜的机会可是很难得的。但是，因为背着十三郎，他不好抬头，只能伸长脖子仰望。正看得起劲，忽然感觉背上一轻。他满心投入地看着皇帝，身边发生了什么，可完全没有反应过来。等到喧嚣一过，王吉抖抖肩膀，觉得空无一物，才猛然反应过来，心想："不好，小少爷怕是让人给掳走了！"

王吉想得没错，十三郎正是被一个尾随他们很久的盗贼给掳走了。这盗贼看到十三郎戴着的那顶帽子，心知这东西价值不菲，就起了贼心。他趁着人群扰攘，挤到王吉身旁，几次想伸手把十三郎的帽子摘下来，可是十三郎坐在王吉的肩膀上，比一般人高出一大截，他怎么伸手都够不到。一直到了宣德门，他干脆一不做二不休，趁十三郎看花灯时，轻轻伸手过去把他整个人都接到了自己肩上，仍旧和王吉一样驮着他。十三郎看灯正看得入迷，两只眼睛挪都挪不开，一时也没有发觉。

盗贼一看已经得手，就开始背着十三郎在人丛里乱走，想趁乱赶紧逃跑。十三郎这么一被打扰，十分不满，于是低下头拍了一下那人的肩膀，说道："王吉，你别乱走啊，我都看不清楚花灯了！"这一低头，十三郎才发现，此时驮着他的哪里是王吉，衣服、帽子都不一样啊！十三郎倒吸

少年英才

一口凉气,心里知道自己遇上坏人了。他刚想呼救,却发现左右周围没有一个认识的人。

十三郎年纪虽小,却十分聪明。他在心里思量道:"我此时若是惊动他,不知道他会对我做出什么事来。先按捺一下,寻个合适的机会再呼救。这个贼人,我也得想个法子抓住他!"

十三郎把头上的帽子悄悄摘下来,取下一根别在上面的银针,轻手轻脚地插在盗贼的衣服领子上,再把帽子藏在自己的怀中。做完这一切,他一不出声,二不慌张,装作什么都没有发觉的样子,任由盗贼驮着他往前走。

眼看快到东华门时,忽然,迎面走过来几顶轿子。这些轿子装饰得非常华贵,轿边还跟着好几个家丁,一看就知道坐在里面的人身份不一般。十三郎出身大家,对于这些排场十分熟悉,他见到这些轿子,眼睛一下子就亮起来,心说,救星来了!十三郎不动声色地等到那些轿子走到自己的身边时,突然伸出手去,抓住了一顶轿子的轿杆,并大声呼喊道:"救命啊!这里有贼!快来救人啊!"

背着十三郎的盗贼听到这一声,着实吃了一惊。他本以为自己这偷天换日的手法毫无破绽,压根没有想到背上这个一路安安静静的小娃娃早就识破了他。眼见轿子里的人掀起了轿帘,盗贼害怕自己被抓住,惊慌之下也顾不得

了不起的中国历史人物

十三郎了，忙把他从背上放下来，闪进人群里溜走了。

此时，轿子里的人听见轿子外有人大喊救命，便叫轿夫停下了轿子，而当他看见拦停他的竟是一个小孩子时，心里不由大为惊异。

他让轿夫将十三郎唤到自己眼前，问道："你这小娃娃，为什么拦我的轿子呢？"

十三郎回答道："我被盗贼给掳了，看到大人的轿子打这里经过，所以向您呼救。"

那人又问道："那盗贼现在在哪里呢？"

十三郎左右转转头，说："刚才我大声呼救，他一定是害怕了，趁乱钻到人群里跑了。"

那人见十三郎小小年纪说话却如此清楚明白，心中又是喜欢又是惊奇，便摸着他的头安慰他道："小娃娃，你不要害怕，先跟我走，我一定把你送回家去。"说着，便将十三郎抱了起来，放在自己的腿上。

令人没想到的是，这轿子过了东华门，竟然一直进到了皇宫里。原来，这个坐在轿子里的人是神宗皇帝的贴身太监，他在回宫的路上恰好被十三郎拦下。他听说了十三郎的遭遇，心想这样可人的小孩子实在少见，不如带他进宫也让皇帝见见。

就这样，十三郎被一路抱着，进了大内。来到殿外，

少年英才

太监放下十三郎，让他在殿外等候，自己则先进去禀报。宋神宗听了十三郎拦轿呼救的整个经过后，大为惊异，便说要见见十三郎。太监急忙到殿外去领十三郎进来，一边走还一边叮嘱十三郎，一会儿见到皇帝不要害怕。

十三郎倒是不慌不忙。他从怀中取出自己藏了一路的帽子，规整地戴上，神情自若地来见皇帝。因为年纪还小，见到皇帝应该怎样行礼他还不是很懂，所以等到了皇帝跟前，他就学着在家中见过的大人的样子，向皇帝行了行礼，正经又认真的样子逗得宋神宗哈哈大笑。

宋神宗想起来，还不知道这孩子的来历，便开口问道："小娃娃，你还记得你的名字么？你知道家人的名字，或者住在什么地方吗？"

十三郎不慌不忙地答道："我姓王，我的父亲也是皇上您的臣子，他叫王韶。"

宋神宗见他说话落落大方，心中更喜欢了，就又问道："你为什么到我这里来呀？"

十三郎道："今天我和家人一起去看花灯，人太多了，我被贼人驮在背上掳走了。幸好遇到这位大人的轿子，我大声呼救，虽然贼人跑走了，但我还是得救了。现在我还能到皇宫里见到皇上，真是万幸！"

宋神宗听了十三郎的一席话，不由感慨道："你这娃娃

了不起的中国历史人物

小小年纪，说话这样有条理，王韶真是有个好儿子啊！你丢了这么长时间，王韶估计该急坏了！朕先让人把你送回家吧，只是可惜没有抓到那个贼人。"

十三郎听到皇帝这样说，马上说道："皇上要抓这个贼人，一点儿都不难。"他接着说道，"我被贼人驮走的时候，很快就发现他不是我家的家仆，于是就想着要给这贼人做个记号，方便以后抓他，便从帽子上取下一根银针别在了那人的衣领上。如果皇上想要抓到他，只需要让人按着这个标记查看观灯人群的衣领就好了。"

宋神宗听了十三郎的话，不禁大笑起来，对左右的大

少年英才

臣们说："这个孩子真是不凡啊！这么一点的年纪，竟然如此有胆识！"他又对十三郎道："你放心，朕一定把这个贼人抓住，让你亲眼看着他被定罪。"

于是，宋神宗一面让开封府尹按照十三郎的描述去抓人，一面将他送回家。

再说王韶一家，自从王吉发现十三郎不见了，就乱成了一锅粥。王夫人急得一个劲掉眼泪，把全家人都安排出去寻找十三郎。一家都在忙乱中，只有王韶仿佛成竹在胸。他安慰夫人道："如果是别的孩子不见了，我们自当心焦如焚。但是，今天不见的是十三郎，这孩子一向聪明机智，他一定会想到办法自己回来的，不用太过忧虑。"

王夫人对丈夫的话不以为然。她着急地说："十三郎虽然比别的孩子聪明，可到底只是个五岁的孩子。这么点的年纪，连路都不认得，你让他在这么多人的街上怎么自己找回家啊！"说着，她便又哭起来。

正当家人四处寻找无果，不知所措的时候，只见一顶轿子自皇宫方向而来，稳稳地停在王家大门前。家仆们上前，只见轿帘一掀，一个熟悉的小身影从里面蹦出来。这不是十三郎又是哪个呢！家仆们大喜过望，连忙向内通报，王韶和夫人马上迎了出来。十三郎一见，一下子扑进了母亲的怀中。终于，这个全家的宝贝又平安地回来了。

了不起的中国历史人物

不久之后,开封府依照十三郎的描述抓住了贼人。王寀智擒盗贼,面见皇帝的事情很快传扬开来,人们纷纷称赞他是个机智勇敢的孩子。

/作品欣赏

题紫团山三十六景·驻云亭

尘迹初从世网收，一邱一壑此优游。

却应化作飞云片，长向亭前伴客留。

题紫团山三十六景·倚秀峰

山形叠叠掩禅关，长薄萧森落照间。

天女欲夸新结束，都将翠藻簇烟鬟。

题紫团山三十六景·金屋山

云拂层峰四面朝，朝阳北过更岧峣。

金仙自合居金屋，不为胶东贮阿娇。

题紫团山三十六景·老人峰

江庐已别游河侣，商洛休陪谒汉宾。

独立南山千嶂里，长将万寿祝岩宸。

岳云

姓名 / 岳云

朝代（时期）/ 南宋

出生地 / 相州汤阴（今河南安阳）

出生时间 / 公元 1119 年

逝世时间 / 公元 1142 年

主要成就 / 少年从戎，在抗金的战役中屡立战功

岳云，字应祥，号会卿，南宋抗金英雄岳飞长子，是中国历史上著名的少年将军。岳云少年从戎，历任武翼郎、左武大夫、忠州防御使等职。绍兴十一年（1141年），岳云与父亲岳飞遭奸臣秦桧等人的构陷，被捕入狱，后含冤而死，年仅二十三岁。

壹 抗金名将岳飞长子，
天赋异禀，力气过人。

贰 十二岁随军征战，
从小卒做起，学习行军打仗。

叁 求胜心切，首战失利，
被杖责一百。

肆 骁勇善战，屡立战功，
被誉为"赢官人"。

伍 与父亲一起被诬入狱，
含冤而死。

立志报国

岳云是抗金名将岳飞的长子，天赋异禀，力气过人。岳飞发现儿子是个可造之才后，便要求岳云除了读书之外，还要锻炼身体，修习武艺，为将来长大后行军打仗、报效国家做准备。

当时，北宋朝廷软弱腐败，面对北方金人的一次次侵扰，却选择了一味退让，致使不少土地都被金人侵占。岳飞眼见山河破碎，民不聊生，毅然决定投军从戎。岳云看到父亲身着甲胄驭马而行的英姿，心里非常敬佩，他立下志向：长大后也要像父亲一样，成为上阵杀敌、保家卫国的国家栋梁。

从此以后，岳云读书、练武更加用功，每天天不亮就起来练习，七八岁时就已经精熟兵器，弓马也不在话下。岳云的奶奶看到孙儿努力上进，心里十分欣慰。一天，她把岳云叫到自己面前，摸着他的头问道："孩子，你知道你父亲的名字吗？"

岳云被奶奶的问题弄得一头雾水，但还是恭敬地回答

少年英才

道:"父亲姓岳名飞,字鹏举。"

奶奶满意地说:"不错,你爷爷当年为你父亲取了这个名字,是希望他能够像大鹏一样展翅翱翔,成为大有作为的人。那么孩子,你知道你的名字有什么意义吗?"

这次,岳云有些迷茫。他望着奶奶摇了摇头。

"云助鹏飞。奶奶希望你长大后,可以与你父亲一起征战沙场,保家卫国,成为被人们称赞的大英雄!"

岳云听到这里,终于明白了奶奶对他说这番话的苦心。他重重地点点头,一字一句地说:"奶奶您放心,孙儿一定会记住您的教导,成为一个对国家有用的人!"

年少从军

春去秋来,几年过去了。虽然有无数将士抛头颅、洒热血地保卫疆土,但是朝廷的妥协退让,使得北方的大片土地还是被金军占领了,朝廷只得转移到南方。

此时,岳云已经是个十二岁的少年,他看到自己的家乡被金军占据,朝廷却偏安一隅,于是坚决要求跟随已经成为抗金名将的父亲一起上战场。岳飞对儿子的志向和勇气感到欣慰,于是答应了他的请求,将他编入部下张宪的队伍里,让他从最普通的小兵开始做起。

岳云对父亲的安排毫无怨言，在军中更加勤奋地学习行军打仗，并迅速成长为一位能文能武的少年英才。

清水亭之战

岳云第一次披挂上阵，就被狠狠地上了一课。南宋在与大金的战争中屡遭挫败，金军统帅金兀术率领大军南侵，一路势如破竹，渡过长江，甚至把南宋的皇帝赶到了海上。但是，金军占领地区的百姓不甘沦为亡国奴，他们组织起各种民间武装，不断反抗金军的侵略。同时，金军中出现了水土不服的情况，金兀术又担心战线拉得过长，被宋军截断后路，于是决定撤军，退回到江北。

少年英才

此时,岳飞率领的岳家军正在宜兴驻扎。他提早判断到金兀术的撤退意图,于是就在他们的必经之路清水亭设下埋伏,准备截击。张宪的部队被安排在这一战的最前方,岳云更是自告奋勇地担任先锋官。

岳飞的苦心布置没有白费,果真如他所料,金军撤到了清水亭。他们押运着劫掠而来的大批财物和百姓,行进得十分缓慢。到了正午时分,大军都停下来埋锅做饭。宋军眼看时机已到,在炮声的指挥下,如出笼的猛虎一般从埋伏的草丛中跃出,向金军杀去。

岳云第一次上战场就遇上一场大战,心里紧张又兴奋。他飞身跨上马背就急匆匆地冲了出去。不承想,因为冲得太猛,战马的前蹄不小心踏进了草丛中的一个土坑里,一下子跌倒在地,将岳云也狠狠地摔了下去。岳云被摔得天旋地转,等他爬起来看时,同伴们都已经冲杀到他的前面去了。

岳云又急又气,连忙也赶了上去。但是,他这一摔耽误了不少时间,只能跟在大队人马后面抓一些落单的金兵,一直到鸣金收兵,岳云也没有机会立下什么大功。

这一战,岳家军大获全胜,重挫了金军的锐气,扭转了南宋在战场上的颓势,使南宋朝廷和百姓的信心大涨。岳飞召集众将一一论功行赏。完毕后,他沉着脸把岳云叫

了不起的中国历史人物

到自己面前:"岳云,此战为什么不见你冲锋在前?"

岳云低着头说:"末将求战心切,却不慎马失前蹄,跌下马背,因此没立下半点战功。"

岳飞听完,呵斥道:"阵前落马,你就是这么与敌人作战的吗?如果我军战士都像你一样,那还怎样对敌,何以取胜?!如此损我军威,该当何罪?"

岳云听到这话,心中惊慌不已,张了张口却说不出话来。

同在军帐中的将士们看到岳飞真动怒了,纷纷上前为岳云求情。这个说他年纪还小,临战经验不足;那个说他是立功心切,坠马后也迅速起身加入了战斗。一时间军帐中你一言我一语,此起彼伏,都是为岳云求情的。

见此情形,岳飞平复了一下自己的心情,然后严肃地说道:"念你年幼,初临敌阵,且饶你一次。下次再犯,决不宽恕!"岳云深深地认识到了自己的错误,并把这次教训牢牢地记在了心里。

随州大捷

绍兴四年(1134年),金人在中原地区扶植的傀儡政权大齐突袭占领了襄阳附近的随州、邓州、唐州等六个郡县,

少年英才

岳飞随即率军出征收复失地,十六岁的岳云也随父亲一起奔赴战场。

战事初始,岳家军旗开得胜,很顺利地就拿下了郢州和襄阳府,但在继续攻打随州时遇到了麻烦。随州城城墙修建得极高,护城壕沟也很宽,攻城的士兵难以跨越,而随州守将王嵩倚仗这样的地利,坚守不出,意图等待援军。几天下来,张宪率领的岳家军先锋部队一筹莫展。无奈之下,张宪只得向岳飞请求支援。

很快,岳飞派出的援军就来到了随州城外。可出人意料的是,来的只有他的副将牛皋一人。原来,牛皋带来一个足以破城制敌的计策。张宪和岳云听过计策后大喜过望,马上布置下去。

天色逐渐暗下来。突然,宋军的营房方向火光冲天。王嵩在城头上看到后,以为是自己苦盼的援军到了,于是打开城门,想趁机夹击宋军。他哪里知道,这便是牛皋带来的"引蛇出洞"之计。待到王嵩带领守军冲出城门,岳云便率一队精兵向城内杀了过去。此时的岳云早已不是那个初上战场毫无经验的新兵,几年的军旅生涯将他磨砺得沉稳果敢,也更加有勇有谋。他对部下说:"王嵩不重要,先拿下随州城!"说着便身先士卒向城门冲去。

岳云一路左劈右砍,勇不可当,不一会儿就带领部下

杀进了城。他指挥着士兵把吊桥收起，彻底阻断了王嵩回撤的路。王嵩听到身后杀伐声起，回头只看到城门紧闭，城上全都是宋军。王嵩心知中计，想要逃走，结果被宋军生擒。

随州被顺利地夺回，岳云的勇敢和谋略让军中的将士们刮目相看，大家都十分佩服他。

邓州之战

打下随州后，岳家军马上瞄准下一个目标——邓州。此时他们已经接连攻克了三个州，敌军收到消息，便与金人派来的援军，在邓州城外严阵以待。守城将领高仲吸取王嵩战败的教训，打定主意严守不出。

岳家军来到邓州城外，一望就明白了敌人的打算。这次没有别的办法可想，只能正面对战。岳飞派出牛皋、张宪等几位大将，在邓州城外与驻守的敌军主力展开缠斗，岳云则被赋予攻城的艰巨任务。他指挥着士兵架起云梯，冒着城楼上不断滚落的石块巨木，艰难地向上攀缘，每前进一步都伴随着巨大的牺牲。看到此情此景，岳云心里一急，干脆自己来到城墙脚下。他一手握着自己随身的武器——一对铁椎，一手把住云梯，靠着铁椎格挡开石块巨

少年英才

木，身手灵活地爬到了城墙上。

守城的敌军眼看岳云登上了城墙，心知大势已去，于是一哄而散，逃命去了。正在城上督战的高仲无兵可用，对刚刚立下大功的岳云又心怀畏惧，结果几个回合就被岳云生擒了。

邓州之战，岳云又立了首功。从此，军中都称他为"赢官人"，他也成了岳飞精锐亲兵背嵬军的重要将领。岳云跟随父亲南征北讨，名气也越来越大。人们都知道岳家军中有位小将军，纵横沙场，骁勇善战。

然而，尽管岳云屡次立下大功，岳飞却并没有为他向朝廷请功领赏，即使在身边将士的劝说下也依然如此。岳云对此毫无怨言，他的心愿是辅助父亲保家卫国，朝廷封赏与否，他一点都不看重。

颍昌保卫战

几年后，金兀术率领五十万大军卷土重来。这一次，他出动了自己的精锐亲兵"铁浮图"和战斗力最强的骑兵"拐子马"，与岳飞的岳家军在郾城正面决战。"铁浮图"和"拐子马"是金兀术最为倚重的部队，多年以来相互配合，打了不少胜仗。而岳家军这边，虽然也配备了骑兵，但数量远少于对手，战力上居于下风。可出人意料的是，就是在这样的情况下，岳家军主帅身先士卒、将士不畏赴死，漂亮地赢得双方的第一场遭遇战。

金兀术吃了败仗，心有不甘，于是集结剩下的兵力，全部转头扑向了距离郾城不远的另一要镇颍昌。颍昌的守军只有三万，面对金兀术的十万大军，胜负实在令人担心。岳飞再一次料到金兀术的打算，他拨给岳云一队人马，让他先去支援驻守颍昌的军队，并且下达死命令："如果这一次丢掉颍昌，就以军法论处！"

少年英才

面对岳飞的严厉要求，岳云毫不犹豫地应承下来，立下定保颍昌不失的军令状。他奉命而行，刚到达颍昌，就见城外金兀术的大军已经迫近。岳云见状，以自己为前锋，率领着八百骑兵，打开城门与大批敌人厮杀起来。整整一上午，他在敌阵中进进出出数十次，一身白色战袍都被染成了红色，胯下骏马也是浑身浴血。双方你来我往，如此鏖战了半天，不分胜负。

颍昌守将王贵看到这样激烈的战况，心中有些忐忑，便对岳云说："少将军，敌方人数几倍于我，此城多半怕是守不住了，不如我们暂时退避，日后再想如何夺回来吧！"

岳云听了他的话，心中登时燃起怒火。他坚定地对王贵说："颍昌绝对不可以丢，这场仗我们一步都不可以退！"说完，他又跨上马冲了出去。

经过大半天的鏖战，金军眼看己方伤亡惨重而久攻不下，士气逐渐变得低迷。岳家军在城内驻守的军队看准这个机会，打开城门，倾巢而出，一举击溃已无心恋战的大批敌人。至此，岳家军大获全胜，不但保住了颍昌，还生擒了金军七十八名将领，诛杀了金兀术的女婿夏金吾，缴获了数不尽的战利品，大大提升了南宋军兵与金军交战的士气。

冤死狱中

然而，谁也没有料到，这鼓舞起来的士气最终酿成了岳云与父亲岳飞的祸患。在与金人多年的交战中，南宋居于劣势，于是朝廷中分成了主战与主和两派。主和派以权臣秦桧为代表，希望与金议和，求一时安稳，所以对坚持抗金的岳家军恨之入骨。最终，宋高宗采纳了主和派的建议，将岳飞撤职，调离前线。接着，秦桧又捏造了岳飞意图谋反的谣言，将岳飞和部下张宪以及岳云一起逮捕下狱。

一代名将，一身忠魂，就这样在查无实据的情况下被捕。1142年，岳飞在杭州大理寺狱中被杀害，岳云及其部下张宪被斩首于临安闹市。

岳家父子就这样含冤屈死，直到二十一年后，新继位的皇帝宋孝宗意图北伐收复失地，于是下诏为他们平反，赠岳飞谥号"武穆"，将他与岳云一同改葬在杭州西湖边的栖霞岭下，并为他们建造庙宇。

岳家父子千百年来向我们诠释了什么才是精忠报国，向人们传递着永不低头的信念。

/古文链接

宋史·岳飞传（节选）

云，飞养子。年十二，从张宪战，多得其力，军中呼曰"赢官人"。飞征伐，未尝不与，数立奇功，飞辄隐之。每战，以手握两铁椎，重八十斤，先诸军登城。

译文：岳云，岳飞的养子。岳云十二岁时从军，成为岳飞部将张宪手下的一名小卒，立下不少功劳，是张宪的得力助手，因此军中都称他为"赢官人"。岳飞每次带兵征战，都会带着岳云一起，岳云立下奇功无数，但岳飞都故意隐瞒不报。每次战斗，岳云都手执两把重达八十斤的铁椎，冲在众将士前面，第一个登城。

姓名 / 王冕

朝代（时期）/ 元朝

出生地 / 浙江诸暨（今浙江绍兴）

出生时间 / 公元 1287 年

逝世时间 / 公元 1359 年

主要成就 / 著名画家、诗人，代表作品有《竹斋集》《墨梅图》《南枝早春图》等王冕，字元章，号煮石山农，亦号"食中翁""梅花屋主"等，元朝著名画家、诗人。王冕性格孤傲，鄙视权贵，他的诗作多是同情人民苦难、谴责豪门权贵、描写田园生活的题材，画作以梅花最为擅长，且影响最为深远，现存世的作品有《南枝春早图》。

壹 生于元朝，家境贫寒，以放牧为生。

贰 多次因跑去学堂听课，耽误了放牛。

叁 寄住寺庙，借佛殿的长明灯彻夜苦读。

肆 边放牛，边在地上练习画画，画工日渐精湛。

伍 一生避世隐居，绘画以梅、竹、石最为著名。

了不起的中国历史人物

放牛不误求学

王冕出生于元代一个贫寒的农民家庭。他聪明伶俐，很小的时候就开始跟随父母一起干农活。到七八岁时，他就已经可以独当一面，帮家里放牛了。此后，他担下了放牛的任务，每天早出晚归，帮父母分担了不少压力。

王冕从家里到放牛的小山坡需要经过村子里的学堂，每当他牵着牛路过学堂窗外，听到屋中传来的琅琅读书声时，都格外羡慕。但是王冕家里太穷，付不起上学堂的费用，他的读书愿望只能深深地埋在心底。

这一天，王冕又路过学堂。他听着学生们整齐的朗读

少年英才

声不由得又放慢了脚步，渐渐地停了下来。王冕心中恋恋不舍，实在不情愿离开。突然，一个念头划过他的脑海："我上不起学堂，但就这么在窗外听听总是可以的吧？放牛又不需要一直盯着，我只要把牛拴好了，不就可以到这里来听先生上课了吗！"

说干就干。王冕连跑带拽地把牛牵到小山坡上，四下看了看，找到一棵最粗壮的大树，把牵绳牢牢地绑在大树的树干上。干完这一切后，他满意地拍了拍手，随后便一溜小跑，返回学堂听先生上课去了。

从此以后，边放牛边听课就成了王冕固定的安排。他每天牵着牛从家中出来后，便将牛绑在树上，自己则一天不落地守在学堂外面，孜孜不倦地学习。没有纸和笔，王冕就捡起路边的树枝写写画画；没有课本，就靠着自己灵光的脑袋瓜默背下来。没过多久，王冕就认识了很多字，还记下了很多文章。

这一切王冕都没有告诉家人，他担心父母知道后，自己就会丢掉这个得来不易的学习机会。但事情哪有那么顺利，光是牛就给他找来不少麻烦。

一次，王冕在学堂外听先生讲课入了迷，不知不觉就过了平时回去牵牛的时间，等到他想起来跑过去的时候，发现平时拴牛的树旁只留下牵牛的绳索，而牛已经不见了

踪影。原来，牛把绳子磨断，自己跑走了。这一下，王冕可慌了神，牛要是丢了，可怎么跟父母交代啊！他开始四处寻找牛的踪迹，直到日头偏西才在远处的山沟里找到。

王冕牵着牛回到家，父亲见他回来得这么晚，很不高兴地责怪了他。王冕只是点头应着，但是第二天，他还是按老办法行事，把牛往树上一绑，就听课去了。

没过几天，这头牛又开始惹事。这一次，它挣开绳索，跑到邻居的农田里，啃坏了一大片庄稼。邻居发现之后，牵着牛和王冕来到他家，要跟王冕父母讨个说法。

父亲听邻居说完整个经过，气得脸色铁青，顺手就打了王冕几下，边打还边训斥他说："你也太贪玩了！放个牛也不知道看好，还踩坏人家的庄稼，怎么就这么粗心呢！"

王冕被父亲打得边哭边跑。他忍受不住，终于豁出去，将事情的原委和盘托出："我不是乱跑出去玩的，我是到学堂听先生上课去了！"

父亲一听，更生气了，顺手抄起身边的棍子来教训王冕，并痛心地说："居然还敢撒谎，你这孩子怎么越来越不学好呢！"

王冕没有办法，只能一边躲着父亲的打，一边呼喊："我是真的去学堂了，不信，我背课文给您听！"

说着，王冕就滔滔不绝地背起来。父亲惊呆了，他到

少年英才

这时才真的相信儿子并没有骗他，也才知道原来这个孩子已经偷偷跑去听课很久了。

父亲觉得非常心酸，儿子如此热爱读书，也如此聪明，学得这么好，可是自己家里竟然供不起他上学堂读书。父亲抱着王冕，内疚地流着泪说："是父亲错怪了你。唉，咱们家实在太穷，孩子，委屈你了。"

此时，一直在旁边没说上话的母亲开口了。她对父亲说道："既然这孩子喜欢念书，那以后咱们咬咬牙，也供他上学堂吧。天天放牛，是会耽误孩子的。"

王冕一听，立刻摇了摇头说道："父母大人不必忧心，我可以同时放牛、听课的，只是以后一定要选一根结实些的绳索，别让牛再跑了。"

寺庙夜读

父母看着懂事的王冕，心里很难过。过了几天，他们听说村子附近的寺庙正在寻找干杂务的小工，两人一商量，这个工作既能腾出时间来读书，又可以挣钱，干脆就让王冕去了。

王冕勤劳好学，干活也手脚麻利，寺庙的老和尚们都很喜欢他，所以除工钱之外，也经常额外给他一些零钱，

了不起的中国历史人物

少年英才

当作是奖励。王冕把这些钱都攒起来买了书。平时，他在庙里干完活，就捧着书聚精会神地读，常常读到天色全暗，已经看不清字了还觉得意犹未尽。

漫漫长夜，万籁俱寂，说起来也是念书的好时候，可是王冕没钱买灯油，这大好时光总不能就这样白白浪费掉。有没有办法能把晚上的时间也利用起来呢？他苦恼了一阵，突然一拍自己的脑门，兴奋地说道："怎么忘了，我现在是在寺庙里啊！佛殿的长明灯可是彻夜不息的，我去那里读书不就好了！"

从此，王冕就开始了在佛座前苦读的日子。他认真刻苦，无论寒暑，从未有一天放松。

湖边画荷

王冕十五岁时，他的父亲去世，让本就拮据的家庭更是入不敷出。王冕只得离开寺庙回到家中，帮别人放牛来贴补家用。虽然生活很艰难，但他从来没有放弃过读书，不能像小时候那样跑去学堂了，他就一边放牛一边随身带着书本，得空就拿出来看。

一天，王冕正在湖边放牛。他找到一处水草丰美的地方，解开牵牛的绳索，让它去填饱肚子，自己则靠着一棵

树翻起书本来。正是春末夏初的时候，一阵风过后，刚刚还响晴薄日的天突然下起雨来。

王冕赶紧将牛招呼到树下躲雨。他看着这茫茫的水幕，望着不远处湖里刚刚开始要盛放的荷花，心中不由得惋惜——这阵雨来得不小，这些荷花怕是要被毁个干净了。不过，等到这阵黄梅雨退去，王冕看到的景色完全不是他所想象的那样。

只见天上的乌云逐渐散去，阳光顽强地透过云层照射下来，像是给万物都镀上了一层金色的边。远处的山头上，几簇或紫或白的小花点缀在一片翠绿的青草上，散发着蓬勃的春意。近一些的湖面已经风平浪静，蓝莹莹得清透见底。而立在湖面上的那一片荷花，成了这一幅自然画面中的点睛之笔。它们挺直着碧绿的茎干，在徐徐的微风中摇曳生姿，还没完全打开的花苞含羞地低垂颔首，晶莹的水珠沿着一张张铺展的荷叶滚来滚去，在阳光下仿佛一颗颗闪闪发光的宝石。

王冕被眼前的美景深深震撼。他从未见过如此鲜艳的色彩、如此灵动的姿态，不由感叹，自然真是有着最美的画笔呀！他看得手心直痒，心中暗暗想："这荷花实在太好看了，不如我试着画画它吧，哪怕只能留住这美丽的一两分，也是好的。"

少年英才

　　王冕随手捡起一根树枝，边观察荷花，边在地上开始勾描。时间一分一秒地过去，他画了涂，涂了画，却总是不满意，觉得自己连荷花万分之一的美都描摹不出。沮丧的感觉袭来，王冕扔下树枝，几乎想要放弃。可他转念一想，老话说万事开头难，我这才刚画了多久，就妄想能够画得有多好，这怎么可能呢！

　　他笑起来，心里暗暗下定决心："我就这么一心一意地练下去，总会有进步的。总有一天，我要把荷花的神韵都画出来。"

　　从此以后，王冕在放牛时又多了一个乐趣——画荷花。他每天都到湖边揣摩荷花的姿态，一遍又一遍，不厌其烦地用树枝在地上作画，就这样连续不断地练习。过了一段日子，他画的荷花终于有些神韵了。随后，王冕开始

在纸上作画。又这样练了三个月，他已经可以画出栩栩如生的荷花了。

王家的儿子画得一手好画！消息很快传遍了十里八乡，乡亲们都很喜欢他的作品，纷纷跑来跟王冕买画。王冕没想到无意中的兴趣竟然这么大受欢迎，他练习画画的心气变得更足了，于是他更加用心地磨炼自己，每天都要画上几笔当作练习。后来，王冕成了一位有名的画家。

安贫乐道

在王冕的作品中，梅花、石头和竹子最为出名，这与他淡泊名利的性情不无关系。他喜爱梅花的高洁、石头的坚韧、竹子的正直，也以此自勉，甚至拒绝朝廷官员的延揽，不为官场政客效力。他蔑视权贵，一生在山中避世隐居，过着安贫乐道的日子。他的情操和品质也正是他笔下这些作品的最好诠释。

/作品欣赏

《南枝春早图》是元代画家王冕创作的绢本墨笔画,纵 151.4 厘米,横 52.2 厘米,现藏于台北故宫博物院。

《南枝春早图》以"飞白法"画梅,浓淡相间,兼有书法笔意,画中虽枝花繁茂,但繁而不乱,疏密有致,且花枝交接处,似笔断意连。整幅图运笔峭拔,挺劲潇洒,一气呵成,满纸盎然春意,给人以清新淡雅之感。

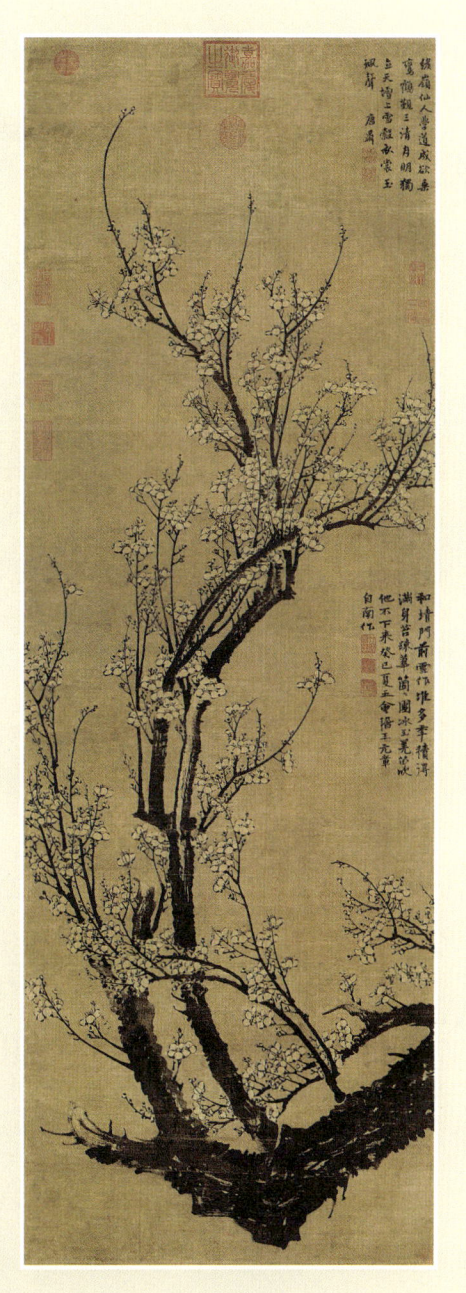

《南枝春早图》 元·王冕

夏完淳

姓名／夏完淳

朝代（时期）／明末清初

出生地／松江华亭（今上海松江）

出生时间／公元1631年

逝世时间／公元1647年

主要成就／著名爱国志士、诗人，著有《南冠草》等

夏完淳，初名复，字存古，号小隐，又号灵首，明末诗人、爱国志士。他自幼聪慧，有神童之名，十四岁开始随父抗清。在父亲殉难后，夏完淳和陈子龙继续抗清，兵败被俘，不屈而死，年仅十六岁。著有《南冠草》《狱中上母书》等。

壹 生于明末文人家庭，自幼饱读诗书，才名远扬。

贰 八岁创作出诗集《代乳集》，被誉为"神童"。

叁 与父亲、老师谈论忠义，颇有见地。

肆 组织义军，抗清救国，被捕入狱，誓死不降。

伍 被处死刑，慷慨就义，年仅十六岁。

少有才名

夏完淳生于明朝末年松江华亭的一个文人家庭，他的父亲夏允彝是江南名士，饱读诗书，学问渊博，也是爱国文人团体"几社"的领导人。他的母亲也知书达理。夏完淳在这样的家庭环境中长大，从小耳濡目染，对诗书抱有非常大的兴趣。

夏完淳开蒙很早，五岁时已经熟读四书五经，六岁与大人交流对谈，不仅对答如流，还很有见地。人们对这个孩子的早慧啧啧称奇，夏完淳小神童的名气也渐渐传扬出去。

夏完淳七岁的时候，夏允彝考中进士，要到都城北京去接受朝廷的任命。他想，都城繁华，对增长见识很有好处，于是把夏完淳也一起带了去。

到了北京，少不得有许多亲友往来拜会。一天，夏允彝带夏完淳去拜访名士钱谦益。钱谦益早就听说过"神童"夏完淳，想亲自考较一下这个小孩子。于是，他拉着夏完淳站到窗前，指着窗外对他说："孩子，你看这春雨初歇的景色多么美！你能不能作首诗，来描绘一下这春光烂漫的样子呢？"

夏完淳望向窗外，先是聚精会神地观察了一阵，又低

少年英才

下头沉吟了一会儿,随后清清脆脆地开口道:

千条拂翠微,雨后新碧肥。

却忆灵和殿,杨花满地飞。

夏完淳话音刚落,钱谦益便情不自禁地击掌叫好。他感叹地说:"果然不是浪得虚名,这孩子太有天分啦!"

过了不久,夏允彝被任命到遥远的福建长乐县做县令,夏完淳理所当然地跟随父亲一起赴任。他对诗歌的兴趣越来越浓厚,一年后,八岁的夏完淳写出自己的第一本诗集《代乳集》。此后,他"神童"的名气愈发响亮。

论忠义

　　夏允彝有个好友名叫陈子龙，也是一位有名的饱学之士。难得的是，除了文墨，他还深谙兵法，是个少见的文武全才。于是，夏允彝请陈子龙给夏完淳当老师，陈子龙欣然答应。夏完淳不同于一般的幼童，对世事常常有自己独特的见解，陈子龙也十分乐意与他互相探讨。

　　有一次，师徒二人和夏允彝一起谈论起古代的忠臣义士。陈子龙说："我认为，自古以来的忠义之士，伯夷、叔齐算是最有代表性的了。"

　　夏完淳听完却摇了摇头，注视着老师说："依学生看来，这两人既不忠，也不义，可当不上这个名头。"

　　夏允彝闻言，沉下脸来，训斥夏完淳道："论事只求标新立异，还不快跟老师赔礼道歉！"

　　陈子龙倒是不以为忤，他向夏允彝摆了摆手，饶有兴致地问夏完淳："你小小年纪，知道伯夷、叔齐是什么人吗？"

　　夏完淳答道："学生自然是知道的。这两人是一对兄弟，伯夷为长，叔齐为幼，二人自小感情很和睦。他们是商代末年孤竹君的儿子，父亲临终前立了小儿子叔齐为王，他死后叔齐却要把王位禅让给哥哥，伯夷坚辞不受。最后，

少年英才

他二人先后逃往了周,准备去投奔西伯昌。可等他们到了那里,西伯昌已经死了,而他的儿子周武王正在兴兵伐商。伯夷、叔齐听闻这个消息后,极力阻止武王讨伐商纣王,但未成功。在武王灭掉商朝后,他们二人逃到首阳山隐居,立誓不吃周朝的粮食,没过几日,就双双饿死了。"

陈子龙看着夏完淳说:"你说得没错,这两人为什么会不忠不义呢?他们互相友爱,相让王位,这是有义;对商朝忠贞不贰,最终以死殉国,这是尽忠。这难道不是忠义两全的人吗?"

夏完淳正色道:"老师,学生认为,对于一方诸侯而言,无论是兄还是弟继位,重要的都是祖上的基业和治下的百姓。如伯夷、叔齐这般,为了彼此谦让而放弃基业,不顾臣民,是只顾小义而失了大义;至于忠,那就更无从说起了。若他们一心报效商朝,那么所想的应当是保家卫国或反周复国,而他们只是懦弱地选择自尽殉国,这样的忠又有何益呢?"

听完夏完淳的话,陈子龙和夏允彝频频点头,继续追问道:"那在你看来,又有哪位先人可以称得上是忠义之士呢?"

夏完淳想了想,说:"汉朝的苏武和宋末的文天祥,可以当得起这四个字。苏武被匈奴扣押十九年,北海牧羊,

风餐露宿，却矢志不改，最终归汉；文天祥抗击蒙军，身先士卒，慷慨赴死。他们都称得上是忠义之士。"

陈子龙听完，深深地惊叹不已。他感慨道："夏完淳小小年纪就有如此见解，懂思考，辨是非，长大后前途不可限量啊！"

抗清救国

夏完淳生活的年代已经是明朝末期，朝廷吏治混乱，贪腐严重，连年灾荒，民不聊生，所以不时会爆发农民起义，而北方的后金政权也蠢蠢欲动，国家处于风雨飘摇之中。夏允彝非常关心国事，时常与好友们讨论天下时局，夏完淳也在旁边一起听，久而久之，便懂得了很多爱国的道理。

过了没几年，明朝果然如众人所担心的一样灭亡了。驻守山海关的将领吴三桂叛变，引领着清军进入山海关，一路畅通无阻，占领了北京。随后，清军又开始南下，南京、扬州等重镇相继被占领。

国已破，百姓们只好自己组织义军抵抗清军，夏允彝和陈子龙更是坚定地为抗清四处奔走。他们在松江一带组织义军，联合松江总兵吴志葵，集结了一队人马，打算与清军争夺苏州。

此时,十五岁的夏完淳也加入这支部队中,他们面对数量远胜于自己的敌人,毫不退缩,与清军展开了拉锯战。但是七拼八凑起来的义军,战斗力是无法与训练有素的清军抗衡的。义军的力量逐渐消耗殆尽,直至最终被清军打散。

苏州城没有保住,吴志葵被清军杀害,夏氏父子和陈子龙也失散了。救国的愿望化为泡影,夏允彝看着满目疮痍的大地,不禁悲从中来。他想到那些在战场上殉国的兵士,心中的痛苦无法排遣。最终他投江自尽,以死来表达自己的愤懑与无奈。

夏完淳抱着被打捞上来的父亲的尸首放声大哭,然而这样的打击并没有动摇他抗清的决心。他与陈子龙终于再次相聚,随后两人投奔了吴易领导的义军,打算从头再来。夏完淳这一次变卖了家中的所有钱财充作军饷,可在当时的形势下,这样小股的力量依然不足以对抗越来越强大的清军。理所当然,起义再次失败,陈子龙被俘,在被押送的途中,他选择了和夏允彝一样的方式,投江终结了自己的生命。

父亲和老师相继去世,夏完淳受到的打击又加深了一层,然而这个心志坚定的少年并没有就此放弃他的救国理

想。他奔走于各地寻找义军，写下一篇又一篇文章企图唤醒民众，为抵抗清军贡献着自己全部的力量。

誓死不降

夏完淳在江南一带很有名气，他的奔走呼号使他成了清朝统治者的眼中钉、肉中刺。毫不意外，夏完淳最终被捕，被押往南京受审。清朝统治者看到这个声名在外的爱国志士竟是个十六岁的孩子，便起了招降他的念头。

负责审理夏完淳的清朝官员名叫洪承畴，这个人曾是明朝的兵部尚书，是很有名的将领。他在与清军的一场大战后被俘，在清朝统治者的劝说下投降叛变。然而明朝皇帝并不知道他被俘投降的事，还以为他已经战死，于是为他写下祭文，还立碑来表彰他。

夏完淳认出了洪承畴，心中对他又鄙视又愤怒。于是，他打定主意要羞辱他一番。

洪承畴奉命来招降夏完淳。他装出很为夏完淳着想的样子，对他说："你年龄还小，怎么懂得这些军国大事呢？与清军作对肯定是受了别人的教唆。如今清军占领全天下只是时间问题了，你满腹才华，为什么不来为更英明的皇帝所用呢？我敢保证，你一定会得到荣华富贵的！"

少年英才

夏完淳看着他,故意说:"我不追求什么荣华富贵,我这一路走来都是被我们大明的忠臣良将教导的,比如洪承畴大人,他奋勇杀敌,以身殉国,我要像他一样为天下人树立榜样。"

夏完淳的一番话说得洪承畴面红耳赤。他心知自己已经无力劝服这个少年,只得狠狠地将他押回监狱。

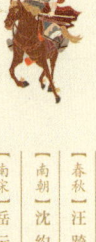

慷慨就义

　　夏完淳这一番指桑骂槐让他痛快地出了一口气，同时，这也无异于表明了自己的求死之心。他回到狱中，写下了一首首诗，表达着自己为国捐躯、矢志不渝的决心。这些诗歌，在他慷慨就义之后被整理成一本叫作《南冠草》的诗集，流传了下来。

　　在被关押了八十多天后，这个年仅十六岁的少年英雄被处死刑。行刑那日，夏完淳从容不迫地走向刑台，直到去世都保持着自己的气度风华。就如他自己所写的那样，"英雄生死路，却似宦游时"。他为自己短暂却辉煌的生命立下一座足可供世世代代瞻仰的丰碑。

/作品欣赏

别云间

三年羁旅客,今日又南冠。

无限山河泪,谁言天地宽?

已知泉路近,欲别故乡难。

毅魄归来日,灵旗空际看。

译文:为抗击清兵,三年来我随军辗转飘零,如今兵败被俘,成了阶下囚。看着眼前破碎的山河,我不禁伤感流泪,大片国土沦丧,谁还能说大明国土辽阔?我知道自己的生命即将走到尽头,但一想到要永别故乡,心里就觉得难受。等到我的魂魄归来的那一天,一定要再好好看看这壮丽河山。